文化驿站　共享空间

杭州社区文化家园建设丛书

破茧·善贤

李天骅　著

杭州出版社

图书在版编目（CIP）数据

破茧·善贤 / 李天骅著. -- 杭州 ： 杭州出版社，2022.9

（杭州社区文化家园建设丛书）

ISBN 978-7-5565-1777-0

Ⅰ．①破… Ⅱ．①李… Ⅲ．①社区文化－建设－概况－杭州 Ⅳ．①G127.551

中国版本图书馆CIP数据核字(2022)第072299号

PO JIAN SHANXIAN

破茧·善贤

李天骅 著

责任编辑	段伟文	
美术编辑	祁睿一	
出版发行	杭州出版社（杭州市西湖文化广场32号6楼）	
	电话：0571-87997719　　邮编：310014	
	网址：www.hzcbs.com	
排　　版	杭州真凯文化艺术有限公司	
印　　刷	浙江国广彩印有限公司	
开　　本	710 mm×1000 mm　1/16	
字　　数	146千	
印　　张	12.25	
版 印 次	2022年9月第1版　2022年9月第1次印刷	
标准书号	ISBN 978-7-5565-1777-0	
定　　价	31.00元	

序 言

　　2017年以来，杭州市根据中共浙江省委关于社区文化家园建设的整体部署，以"文化驿站、共享空间"为定位，通过改建、扩建社区已有文化设施，整合现有文化资源，积极打造集思想引领、道德滋养、文明倡导、文化熏陶功能于一体的社区文化家园。截至2021年底，累计建成1055家社区文化家园，覆盖全市80%以上的社区，其中，五星34家，四星72家，三星181家。

　　2021年，杭州市继续从制度、资金、管理三个方面对社区文化家园的建设提供有力保障，全年共新建成260家社区文化家园，形成了以下特色亮点：

　　——以居民为中心，进一步激发出居民的主人翁意识。社区文化家园在硬件设施建设和内容载体设计方面，都把"以居民为中心"的思想贯穿始终，服务好居民群众，让居民乐于参与、积极参与。第一，围绕社区居民日益增长的精神文化需求，健全社区各类设施和场所的文化功能，完善社区公共文化服务体系，开展各类文体活动，活跃社区文化。第二，突出居民主体，发挥好居民自治的重要作用，由西湖区翠苑社区居民首创并共同约定遵行的"孝心车位"及其公约，有效解决了子女看望父母长辈停车难的问题，成为杭州社区治理的一大创举。第三，搭建线上线下居民交流平台，形成学习、教育、休闲等各类社团组织，加强社区居民的参与互动，实现社区文化家园建设为民靠民，社区文化家园建设成果由居民共享的目标。

——以社会主义核心价值观为引领，进一步承担起新时代文明实践的重要职责。杭州将社区文化家园与新时代文明实践站的建设工作相结合，将社区文化活动与群众性精神文明创建活动相结合，为社区居民搭建了共同的公共文化空间与精神家园，以社区文化家园为抓手，推动社区精神文明建设。第一，加强文化活动的宣教作用，在日常文化活动中，专门将社区文明案例转化成宣讲课程和文艺作品，寓教于乐，寓宣传于服务；同时，在活动现场向居民分发各类宣传资料，以活动强意识，以意识促行为，使文明行为成为生活习惯。第二，发挥社工的专业作用，做好社区志愿者的引导、发动、培训及保障工作，探索"社工+志愿者"的联动机制，激发居民群众关爱家园、参与发展的热情，围绕"整洁环境、文明养宠、文明出行、规范停车、垃圾分类、定点投放、爱护绿化、爱护公共设施"等社区文明新风尚身体力行，逐步形成"我为人人、人人为我"的和谐良好氛围。第三，讲好身边好人的模范事迹。利用长廊、橱窗、楼道、道路等基础设施，宣传展示社区的最美现象、人物风貌、榜样典型等内容，用身边人、身边事来感染人、熏陶人、教育人，营造见贤思齐、向上向善的浓厚氛围。

——以宣传普及习近平新时代中国特色社会主义思想为重点，进一步发挥好基层宣传思想文化阵地的重要作用。社区文化家园以"精神家园"为功能定位，弘扬主流价值、传承传统文化，注重习近平新时代中国特色社会主义思想的宣传普及和社会主义核心价值观的落细落小落实。第一，依托市民讲堂、道德讲堂、科普讲堂等活动载体，组织党员干部进社区进行宣讲，进一步巩固宣传思想文化工作的基层阵地，推动宣传思想文化工作走进群众、深入人心，取得实效。第二，着眼于居民思想道德水准的提升，通过公益广告宣传、民间艺术创作、社区文化展陈等形式，广泛开展科学、法律、文化、健康等知识的宣传教育，提高了居民的现代文明意识和科学文化素质。第三，把社区文化工作要点集中到思想建设与内容建设上，改变了以往文化建设重硬件的倾向，通过活跃社区文化，倡导文明风尚，推动居民交流，让文化建设有形可见、入脑入心，让居民群众受到教育、得到启发，实现市民文明素质与城市文明程度的相互促进、相互提高。

——以重构现代都市的社会关系为立足点，进一步塑造好和谐互助的邻里文化。在文化家园丰富的日常活动中，现代都市的"都市冷漠症"逐渐消除，从"陌邻"变"睦邻"。第一，连续18年举办邻居节活动，每年的活动覆盖杭州13个区县（市），除政府部门组织的文艺演出、社区公共环境整治、嘉奖"好邻居"外，越来越多的社区和个人自发组织起敲门送温暖、邻里百家宴等活动，填补邻里交往的空白，增强社区归属感。第二，根据不同社区的实际情况，构建和谐互助的邻里关系。在老小区，社区文化家园整合各类资源，提升养护、休闲、保健等公共服务水平，老年居民也自发组织了"银发互助队"，提供陪伴、语言安慰、生活品代买等志愿服务；在新杭州人聚居的社区，文化家园里开设起"四点半课堂"，由本地退休老教师、社工帮助照看，解决家长的后顾之忧，增加孩子们之间的互动关系。

我们从五星和四星社区文化家园中选取了8个有代表性的社区，组织力量采写了第四辑杭州社区文化家园建设丛书，一方面是继续展示杭州市社区文化家园建设的成果，另一方面也想通过丛书的出版发行，进一步推动全市社区文化家园建设再上一个台阶，为杭州市争当浙江高质量发展建设共同富裕示范区城市范例助力。

杭州社区文化家园建设丛书编委会

2022年3月

目　录

善贤人家全貌

善贤社区概述

　　善贤社区（原善贤村）位于杭州拱墅区东部，是隶属上塘街道的一个以撤村建居、安置回迁小区为主的社区。辖区范围东临皋亭坝，南濒上塘河，西接沈塘湾，北邻蔡马社区，面积0.7平方千米。社区现有常住户口254户，人口834人，其中60周岁以上的老人255人，占总人口比例的30.5%。社区党总支下辖4个支部，党员54名。

　　善贤村前身叫"隽堰头村"，由隽堰头、陆家村、堰斗浜三个自然村组成，毗邻古老的江南运河（上塘河），依河而建、因水而兴，是远近闻名的水运码头小集镇。这里建有拦水坝，设有集市店铺，开有茶馆酒肆，办有公私学堂等，是一处闹猛之地、生财之地。在旧社会一地富了，眼红的人便纷纷来此，于是，治安事件多了，苛捐杂税重了，三教九流不规行为泛滥，地痞流氓沆瀣一气为非作歹……隽堰头村背上了"船过

1

善贤人家

三十六码头，难过杭州隽堰头"的坏名声，造成村落逐渐萧条萎缩，村民的日子一天不如一天，背井离乡的人日趋增多。

斗转星移，光阴荏苒。时至民国时期，隽堰头村周边有位叫陈子宏的仁医，他感到原先四方辐辏、八面来风的一个好端端的水滨之村，再不能这样混沌下去了，要树立起一种新风气，让乡民村人振作起来。他认为要改变现状，首先要从臭名远扬的"隽堰头"这个地名改起。于是，他激情满怀地向村民们宣传鼓动，要以破茧成蝶、涅槃重生的意念和勇气，重树历史上善贤良德的村风民俗，并建议将"隽堰头村"改名为向善崇贤的"善贤村"。他的一番话说出了村民们久压心口的难言之隐,自然得到全体村民的叫好。

在善贤村的进程历史中,"文化大革命"时曾被改名立新大队,1984年6月,恢复善贤村。

20世纪90年代前,善贤村的多数村民过着务农种地为生的日子。在党的改革开放和"三农"政策的春风沐浴下,1996年,善贤村被拱墅区委、区政府授予"小康村"称号。1999年5月,善贤村迎来了撤村建居改革试点的有利时机,同时成立了善贤社区、居委会(筹)领导小组,并筹建善贤股份经济合作社。是年11月,善贤村正式成立居民委员会。从此,善贤村实现了"村转居"的历史性转变。

"村转居"后,善贤的一个最显著特点是:富裕起来的善贤人,推倒了祖祖辈辈留下的破屋旧宅,差不多每家每户都盖起了四五层楼高的小别墅,焕然一新的面貌推动着善贤村嬗变,也促成了村级经济的迅猛

善贤坝遗址
SHAN XIAN DAM SITE
善贤坝41号

善贤坝位于上塘河西岸,是上塘河最独特的船只翻坝历史遗址之一。始建于明代,坝基石砌,船只在上塘河与大运河支流之间穿梭必须通过善贤坝的转盘及圆柱,在人力作用下将船只拖过坝。该建筑1964年建成,内设电力机械。从此船只通过就依靠电力机械完成。

2015年,借城中村改造之机,善贤坝修缮一新,作为善贤标志性建筑。同时,社区注入新的元素使之成为居民艺术馆,重新焕发生机。

善贤坝遗址说明碑

发展，善贤人开始过上小康生活。

社会在发展，进步在跨越。21世纪初，杭州擂响了城中村改造的战鼓。城中村改造，其意义在于此举是改善人居环境、提升城市品位、推进城市化进程的必由之路，是建设文明、生态、和谐、宜居城市的重要保障，更是一项实实在在的民生工程、幸福工程。2009年5月10日，善贤村城中村改造动员大会在杭州艺术学校礼堂召开，这标志着善贤村正式吹响了城中村改造的冲锋号。

2014年11月30日，对善贤居民来说，是一个难以忘怀的日子。近5年满怀希望、焦急等候的拆迁过渡工作，终于画上了圆满句号。由7幢22—24层现代高楼组成的"城中村"改造公寓，以及完善的配套设施组成的"善贤人家"正式交付使用，总面积达9万余平方米。原善贤村254户居民，家家都住上了窗明几净、宽大舒畅的高层新居，按老人们的口吻说："阿拉都住进了很高很高的大洋房，上下有电梯，不用爬，蛮省力的！"

翻开善贤社区文化家园建设大事记，我们可以窥览到善贤的昨夜星

辰：2015年10月1日，善贤社区"e家人"服务大厅投入使用，善贤人家实行自助式物业管理。2019年11月，善贤社区和善贤经合社实施"股社分离"工作，这一年，善贤社区党总支在杭州市"党建双强"评

善贤人家俯瞰图

选中获"最强党支部"称号。2020年12月，善贤社区被确认为杭州市首批"社区智治"试点单位。2021年2月，善贤人家在小区大门口装置红外热成像测温仪，对所有进出小区人员进行快速高效的体温筛查，扎紧防疫管控的严密篱笆……

自2014年11月，善贤居民顺利回迁后，社区党总支首先认识到：善贤全面有效地开展各项正常工作的时机已摆在眼前，党组织的中心工作务必尽快从关注过渡、抓好回迁为主转到社区建设、小区管理、民生实事上来。在区、街两级的正确领导和有力支持下，社区运筹帷幄，树立起以"党建引领构建社区大家庭"为导向的核心理念，确定以"民主治家、智慧管家、文化润家"为抓手的工作重点，明确以创新"村改居社区城市化转型样板"为特征的奋进目标，通过以社区文化家园建设为推动力的"家园131"工作模式，力求把美好的蓝图打造成生动的实景。

有了政治定力，就有了前进方向。善贤社区从"撤村建居"中走来，既有它值得弘扬的好风气、好传统，也有它潜在的旧观念、老习惯。如何通过城中村改造、村民变居民，实现扬长避短，弃旧换新？善贤社区党总支重在居民中培育家园情怀，通过"和家、美家、爱家、恋家、荣家、兴家"12字家诀，从和风细雨到春风化雨，从星星微茫到厚积成光，从而形成一个共识：自己的家园靠我们大家来呵护。

为此，社区党总支每年以"六善六贤"为准尺，从"四好"（好党员、好媳妇、好模范、好少年）群体中评选"善贤之星"，并配上个人照片和一首赞美歌颂的小诗，让他们在"善贤廊"中"出人头地"，让他们的事迹家喻户晓、口口相传，以此彰显善贤人家正能量。

从本社区实际出发制定的《社区公约》，言简意赅，微言大义，

善贤人高唱《没有共产党就没有新中国》

含国家、社会、家庭、生活、故乡5个篇章，倡导什么该做、什么不该做、怎样做才善贤。《社区公约》被居民群众视为社区治理的"小宪法"，公约上墙，布置精美，这座墙因此常常成为居民和外来人员打卡的热地。

为了让子孙后代记住乡愁、传承善贤，在拆迁时，社区报上级同意，保留了"善贤坝房"老房子，办起了"善贤居民艺术馆"。在"居民艺术馆"一侧，开辟了600余平方米的"开心农场"，产出的农产品全部赠予社区70岁以上的老人们品尝，较好地解决了毁绿种菜问题，又传承了农耕文化与孝文化。社区还组织力量，编纂出版了《善贤志》，长辈们通过手绘画的方式还原村落的古风遗迹，再现原始风貌，钩沉后人对村落的前世今生、风土人情和它的独特之处的记忆，让乡愁真正有乡可寄、有祖可寻。

与此同时，社区还建立了居民自我管理的物业组织"点滴物业"；办起了文化载体，如善贤书苑、笃行国学社、善言朗读社、文化团队；成功培育了诗青年公益发展中心……

偌大的小区，高楼窗明几净，楼道干净整洁，路面平整美观，环境舒适宜人。善贤回迁以来，不少城区社区或老社区都感到棘手的顽疾问题，却在一个整体撤村建居的善贤社区不见踪影，更难能可贵的是每家每户做到零乱搭乱建、零保笼雨篷、零楼道堆积、零毁绿种菜……有人要问：这是如何做到的？

小区一派新气象，除了全体居住者的维护珍惜外，更离不开管理者的管理素养和科学管理手段。从善贤回迁房建成后，社区党总支就"捷足先登"，充分运用现代信息技术服务于社区治理。实施网格化管理，成立网格党支部，在党员中首先试行智能卡系统，支部带党员、党员带群众，一张可用于门禁、停车、安防、垃圾分类等管理，又可进行电动车安全充电、监测老人小孩安全等，集多功能于一体的"善贤e家人"智能卡，让高科技走进善贤家园，为善贤人家"发光发热"。

回首往昔，社区治理抓住做好民生实事的"牛鼻子"，把一件件看得见、摸得着、有远见的家园事付诸实施。善贤，像一只破茧而出的蝴蝶，梦幻蜕变、华丽转身，那点点滴滴的变化，实实在在的获得，汇成了一股幸福的暖流，滋润着"善贤人家"的家家户户，让大家爱上、恋上这个家。

且看明天，社区将以需求为导向，针对养老、托幼、创业、共享等要务，通过梳理出需求清单、场景清单、服务清单等管理手段，不仅引导志愿者和居民群众参与，还积极引入社会公益组织加入社区运营，民呼我为，数字赋能，在推动公共服务优质化的同时，促进精神生活共同富裕，提升社区文化家园的美好度、归属感。

善地，贤者居；善贤之地，润福一方。"居民最有发言权。"这是善贤社区一以贯之的工作思路和原则。"破茧必蝶变"，村子变社区，农宅变高楼，村民变居民，百变千变，但始终不变的是善贤人家淳朴的乡风民俗和运河文化滋润的家园情怀。这便是善贤人家的幸福源泉。

善贤我的家

第一章　善贤文苑

　　善贤社区原是杭州近郊农村的一个行政村。1999年5月，善贤村迎来了撤村建居改革试点的历史性机遇。继而，经过城中村改造，村民回迁后都住上了窗明几净、宽大舒畅的高层新居。

　　善贤社区从"撤村建居"中走来，它既有值得弘扬的好风气、好传统，也有潜在的老观念、旧习惯。农村变城市，村民变居民，如何通过城中村改造的实践，实现扬长避短，焕然一新？社区党总支依靠区、街两级的领导和支持，突出重点，运筹帷幄，以培育居民的家园情怀为总揽，坚持走文化化人、文化润家之路。社区先后办起了善贤书苑、笃行国学社、善韵排舞队、善言朗读社、善乐葫芦丝队、善艺工作室等，同时，还引入区诗青年公益发展中心这一文化家园建设的助推器。社区被评为"杭州市五星级文化家园"。

第一节 善贤社区文化家园建设大事记

1999年

5月28日，杭州市委、市政府办公厅下发《关于撤村建居改革试点的若干政策》文件（市委办〔1999〕11号），确定上塘镇半道红村为撤村建居试点，善贤村列为第二批。

11月25日，善贤村正式成立居民委员会，共划分4个居民小组。

是年，善贤村撤村建居，村经济合作社实施股份量化，结束了农村行政村建制，农村农民身份转变为城市居民。

2004年

6月，在辖区共建企业单位杭州灯具市场资助下，社区成立老年健身队，有队员30余人，常年开展活动。

2005年

是年，为方便辖区居民和外来人员购物需要，善贤经合社在社区范围内的舟山东路口，投资新建上海华联善贤超市，面积约1600平方米。

是年，善贤社区组织辖区老人赴香港旅游。

2006年

是年，善贤社区荣获"浙江省老龄工作规范化社区"称号和上塘街

书香之家 文化雅集

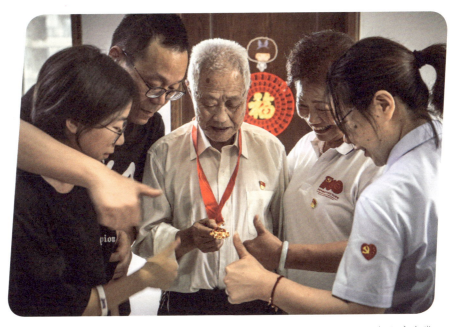

红心永向党

道"背街小巷及立面整治工作先进单位"称号。

2008年

是年，善贤社区组织辖区老人去广西旅游，并组织股东代表去深圳、上海参观考察。

是年，善贤社区善韵排舞队获拱墅区"拱宸杯"排舞比赛集体二等奖。

是年，善贤社区积极投入城中村改造各项准备工作。

2009年

5月10日，善贤村"城中村改造动员大会"在辖区内杭州艺术学校礼堂召开，会议召开标志着善贤村正式吹响了城中村改造的冲锋号。

是年，善贤城中村改造正式启动。

2010年

9月27日，善贤地块农转居公寓举行开工典礼，拱墅区上塘街道领导前来祝贺。

2011年

是年，善贤社区办公楼进行改造，并与蔡马社区合作新建时瑞大厦，由双方股份经济合作社投资，供社区使用。

2012年

是年，善贤社区组织辖区老人赴台湾旅游；善贤股份经济合作社组织股东代表去北京、承德两地参观考察。社区被评为"拱墅区特色社区"。

《善贤志》

2013年

7月13日,善贤社区(村)历届领导相聚杭州纳德自由酒店,召开《善贤志》编撰座谈会,大家一个共同的观点是合力编好善贤志书,将乡愁民俗留给子孙后代。

7月15日—12月15日,《善贤志》编撰工作顺利完成。

是年,善贤社区党总支、居委会第四届换届选举工作完成;经合社党支部、董事会、监事会换届选举工作同年完成。

2014年

4月,善贤社区被拱墅区授予"无违建"社区创建工作先进单位称号。

6月,《善贤志》由中国文史出版社正式出版。

11月30日,善贤社区回迁安置房经过高效建设,由7幢22—24层现代高楼组成的、总面积9万余平方米的"城中村"改造公寓——"善贤人家"正式回迁启用。

2015年

7月,社区举办暑期青少年假日主题活动,通过学习实践剪纸、衍纸手工、垃圾分类小课堂等课目,让善贤青少年在回迁之喜中,在属于自己的家园内欢聚一堂，分享特别的假日欢乐。

10月，为活跃居民文体生活，社区成立"康乐健身队"；善贤社区被拱墅区授予"校外教育工作先进集体"称号。

11月，社区智能垃圾分类系统正式上线，可回收垃圾称重投放，日常生活垃圾刷二维码投放。

是月，社区"开心农场"正式开园，旨在为社区青少年提供科普实践场地，受到社区青少年和居民群众的追捧。

12月，社区开展"为爱而照"主题活动，邀请辖区结婚30周年以上的居民夫妻拍摄婚纱照，定格今日善贤老人的"幸福身影"。

是年，善贤与蔡马、七古登联合改建原熔炉小学校舍，创办社区第一家公办幼儿园——文锦幼儿园。

2016年

1月，善贤社区举办"凝聚人心共团圆"迎新茶话会，辖区内200余名60周岁以上老年居民欢聚一堂，谈变化、说喜悦、话感恩，共祝善贤明天更美好。

是月，善贤社区举办"浓情腊八粥，温暖社区情"腊八活动，把社区残疾人、空巢老人请到老年活动室，请他们吃腊八粥，共话社区情。

2月，善贤社区元宵活动精彩纷呈，社区锣鼓队、康乐健身队、菁禾幼儿园及残联、杭州联合银行等多家单位参与此次"其乐融融闹元宵"文艺表演。

3月12日，善贤社区"开心农场"举办春季播种活动，40余名青少年和他们的家长一起播下玉米种子，种下油菜秧苗。活动旨在让孩子们不忘农事乡愁。

4月，"我爱善贤我的家"居民文化艺术节暨阳光公益大舞台2016创意手工集市在善贤社区举行。活动内容包含多项文化艺术项目，让居民感受到文化家园众乐乐的氛围。

10月，在重阳节到来之际，为弘扬中华民族尊老、敬老、爱老、助老的传统美德，社区在善贤人家中心花园举办"九九重阳节"文艺演出活动。

12月，社区被拱墅区评为"2015—2016年度关心下一代工作先进集体""区优秀学习共同体"（善贤社区开心农场）。

是年，探寻基层党组织和政权建设新模式——以"党建+"理念，实现"三个起来"，得到上级组织充分肯定。

是年，社区改变"一站式服务"的固有模式，着力培养全能社工，使社区工作进一步深入居民、对接家园。

2017年

2月，社区举办"佳节送汤圆，欢乐喜元宵"活动，社区工作人员和志愿者为辖区60周岁以上老人送汤圆，并捎上新一年的美好祝福。

5月，善贤社区党总支与中国银行杭州城北支行党总支、中共中铁二局杭州地铁SG5-9项目部委员会负责人及党员代表们齐聚一堂，共同见证三家单位党建共建签约仪式。

是月，社区在居民活动中心举办"浓浓粽子香，暖暖邻里情"端午节包粽子活动，受到居民邻里，特别是孩子们的欢迎和踊跃参与。

6月，社区在善贤人家中心花园展示善贤社区书苑、文化家园建设规划方案和草图，向全体居民征求意见建议。同时，也向居民广泛征集老物件、老照片等展现善贤历史遗韵的物品。

是月，杭州市阳光公益大舞台社区大串门——善贤社区主题活动

"居民艺术汇·幸福享生活"在善贤人家中心广场举行。

是月，善韵排舞队在上塘街道举行的排舞比赛中，荣获冠军。

7月，社区举办的暑期假日学校"最佳身份"夏令营举行开营仪式。

9月，在杭州市生活垃圾"三化四分"知识竞赛中，善贤社区获社区组三等奖。

11月，社区举办首届邻居节活动，内容除了有亲子活动、中医养生、家电维修等与日常生活密切相关的服务外，还邀请"民星大舞台"演员们，为居民送上精彩的文娱演出。

12月，善贤社区文化家园建成启用。

是年，社区从社情实际出发而形成的"家园131"党建引领社区治理模式，尝试开创了一条让善贤人过上有品质的"家生活"之路，受到居民和上级党组织肯定。

是年，社区获"拱墅区2017年度撤村建居回迁安置房小区五星级"荣誉。

2018年

2月，以"阅读美好生

活，阅见美丽拱墅"为主题的拱墅区第十五届邻居节暨社区阅读节在善贤社区举行，不仅使居民饱了眼福，更为社区日后开展阅读活动拓宽了思路、开阔了眼界、开通了民智。

3月，善贤书苑举办以"春暖花开"为主题的插花活动，居民们在浓浓的花香中回归自然生态，寻觅艺术乐趣，活跃精神文化生活。

6月，社区利用固定党员活动日时间，开展了"粽香飘端午，情系邻

善贤社区和经合社工作人员与老党员们合影

里缘"系列活动。

是月，社区利用党员活动日时间，开展了一场"不忘初心、牢记使命·对党说说心里话"现场留言题字活动，内容有对党和祖国说句感恩话、对基层干部说句希望话、对普通党员说句建议话等。

10月，社区举办"知百家情 解百家难"党员金秋送祝福活动。

12月，"不忘初心跟党走 迈进美好新时代"——善贤社区元旦文艺汇演在杭州灯具市场举办，此次活动也是善贤社区举办的首届共建文艺活动，现场气氛热烈，欢声笑语不断。

是月，经过积极筹备、精心筹划，善贤社区"阳光老人家"投入使用。

2019年

4月4日，社区开展了"栩栩如生燕，民俗代代传"手工制作清明粿活动，在传统文化的继承中抒发家园情怀。

5月，善贤阳光老人家举办"时光荏苒，唯你最美"活动，以鲜花作为母亲节主打礼物，向各位母亲献花，表达对母亲的崇敬、感恩和祝愿。

是月，善贤社区被授予"拱墅区家庭文明建设示范基地"称号。

6月，社区联合区诗青年公益发展中心，举办了一场端午节特别活动——"花园里的奇妙音乐之旅"。通过歌舞、器乐演奏、诗朗诵等文娱演出活动，让居民享受善贤文化家园带来的开心与愉悦。

9月1日，善贤小区垃圾定时定点投放规定正式实施，党员和志愿者每天值守，通过劝导或带动示范，让居民将各类垃圾分别投放在不同颜色的垃圾箱内。

是日，善贤秋季国学班开课，社区联手区诗青年公益发展中心，在善贤书苑为即将上学的孩子们举行开学前第一课——"开蒙礼"，由此开启了社区秋季公益文化之旅体验活动。

是月，善贤社区党总支被评为"拱墅区担当作为好团队"。

11月，善贤社区与善贤经合社完成"股社分离"工作，并按照各自职能有序、有效地开展好各项工作，同心协力共建和合善贤。

是月，善贤社区文化家园被评为"杭州市五星级文化家园"。

12月，为进一步推动垃圾分类工作的顺利进行，社区树立典型，带动群众，举办了2019年优秀垃圾分类志愿者表彰大会，对49名热爱公益、关心家园、乐于奉献的优秀志愿者予以表彰。

是月，善贤社区党总支被授予"杭州市'党建双强'最强党支部"称号。

是年，善贤社区被评为"浙江省高标准生活垃圾分类示范小区"；被拱墅区评为"2018年度撤村建居回迁安置房小区五星级""垃圾分类示范小区"等。

2020年

1月30日，面对新冠肺炎病毒疫情防控情况，善贤社区召开全体社工紧急会议，进一步部署做实做好疫情防控各项工作。

是月，善贤社区被评为"浙江省2019年度省级民主法治社区"。

5月20日，拱墅区诗青年公益发展中心举办520插花活动，特邀请善贤社区工作人员和志愿者参加，以感谢他们在疫情防控中的辛勤付出。

7月1日，为庆祝中国共产党成立99周年，善贤社区携手区诗青年公益发展中心，拉开了社区"99红星阅读季"帷幕。

是月，社区联手江干区金秋服务中心，为辖区23位年满80周岁的老人举办集体生日会，在向老人们送上蛋糕的同时，更为老年人搭建了一个相识相知的沟通平台，让他们感受到社区大家庭的温暖。

9月，为迎接中秋和国庆"双节"的到来，善贤社区发动党员和群众，对小区进行了精心布置和文化装点，为让五星红旗红一片、飘起来，大家还动手缝制了100面国旗旗杆套。

11月，善贤社区举行首届社团文化节，通过各社团文化活动展示，为有爱好的居民群众提供一个学习交流、施展才华和结识同好的平台，充实和发展文化社团力量，共促社区文化家园建设，营造良好的人文环境。

是年，善贤社区被评为"杭州市和谐（文明、平安）良好社区"，社区第三网格获"2019年度杭州市平安网格创建示范单位"荣誉。

2021年

1月，善贤新一届社区班子和经合社班子成员，一起走访慰问社区70周岁以上老年人，为他们送去寒冬中的温暖和尊老的关怀。为进一步做好服务工作，在走访中还向老人们征求意见建议，让善贤老人满意。

2月，春节来临前，善贤社区工作人员上门走访慰问辖区内的37名退役军人及2户现役军人家属，把党和政府的关怀献给"最可爱的人"。

3月，通过群众酝酿和推荐及社区党总支、居委会的讨论，评选出了2020年度"善贤之星"和"善贤之星优秀团队"。社区在表彰的同时，还将他们的先进事迹和光荣照一起放在"忠厚传家久，诗书济世长"休闲廊展出。

是月，社区联合区诗青年公益发展中心举办以"迎亚运·庆建党"为主题的趣味运动会。

4月，社区"善言广播站"邀请社区、经合社、辖区共建单位党员们，共同参与迎接建党100周年党史录制工作。每位党员不忘初心，通过讲一句党史心里话，重温党史，抒发对党的忠诚和热爱。

6月，为庆祝党的百年华诞，善贤社区特举办以"传承百年薪火·唱响时代赞歌"为主题的庆祝活动，活动集融合汇报、展示与文艺演出于一体，讴歌党的100年光辉历程，表达永远跟党走的坚定信念。

是月，善贤社区党总支被评为"杭州市先进基层党组织"。

7月15日，善贤社区成立追"红"小分队，以善贤书苑公益课堂为依托，开展践行"七个一"童心向党活动，让青少年追溯红色记忆、体悟红色文化，传承红色基因。

7月24日，杭城受台风"烟花"侵袭，善贤社区工作人员、党员干部冲锋在一线，帮扶在一线，坚守在一线，连续作战96小时，全力做好抗击台风的各项工作，保障群众生命财产安全。

8月11日，社区安排专车，组织善贤老人前往防疫接种点接种新冠疫苗。

9月15日，中秋佳节来临，社区开展手工做月饼、品茗白茶等传统活动，受到居民们的欢迎和好评。

10月25日，杭州市木兰协会善贤分站荣获浙江省第四届体育大会木兰拳比赛金奖。

11月12日，善贤社区举办以"幸福邻里·乐享生活"为主题的第五届邻里节，"绘聚"生活小美好、"幸福像花儿一样"、大学生"才艺进社区"等活动受到居民欢迎。

12月29日，善贤社区舞蹈达人胡玲娟荣获由杭州市文化广电旅游局颁发的"乡村文化能人"证书。

第二节 善贤书苑：文化润物细无声

善贤社区原为善贤村，地处杭州城北，是一个典型的城中村改造社区。2009年5月，善贤村正式吹响了城中村改造的冲锋号。历时5年多，村民于2014年11月集中回迁入住现代高楼群组成的"善贤人家"。

随着村民的回迁和"村民"变"居民"的身份转变，人们的生活环境与生活品质得到极大提升。随之，居民对家园文化的需求也日趋强烈。为了适应这种新观念、新需求，以及创建、打响书香善贤品牌，构筑15分钟"悦"读圈，善贤社区审时度势，乘势而上，通过整合提升硬件设施，将善贤书苑打造成居民家门口的文化驿站与和合善贤的综合体。此举力求满足居民群众的阅读、文化交流、娱乐健身及举办文化活动的需求，书苑成了服务居民、传播文明、引领风尚的基层精神文明建设的重要阵地和窗口。

善贤书苑坐落于小区环境清静的6号楼1楼，面积137平方米，一墙之隔便是千古流淌的上塘河。走进善贤书苑，与其说是书

文化家园的读书氛围

苑，其实更像一个小型"文化综合体"。

阅览室是书苑主阵地，这里除社区购置的2000多册书籍以及不断购入和捐赠的书籍外，还有杭州图书馆提供的1500册图书。同时，阅览室内专门设置一台自助借阅机，通借通还。书籍门类涉及儿童启蒙、社会政治、历史哲学、文学经济、健康养生等。假如一时找不到心仪的书籍，还可以使用电子书阅览器"Kindle"下载。

社区取善贤名字中的"善"字作底色，"贤"字为底蕴，同时调和了地名特色与乡里文化，多种意蕴糅合成了书苑的名字——"善贤书苑"，上善若水，尽善尽美，从善如流，乐施好善，善始善终……社区自办的书苑，当然要适合"新居民"的胃口，书苑内包含书画室、摄影俱乐部、茶艺乐园、亲子阅读吧、牧色屋、善艺工作室等，举办的不同活动形成了社区文化家园的"节目单"。

书苑内的书画室，配有专门的画桌，摆放着文房四宝，是供社区居民尤其是青少年学习书画的好场所，社区书法老师和书法爱好志愿者定期或不定期地在此开展教学。抬头看看墙上挂满的画作，书法《沁园春·雪》、国画《教五子》——这两幅作品便是由社区内的祖孙俩合作完成的；已是花甲之年的钱女士，几乎每天都要来书苑练习两个小时书法；前不久结业的社区首届成人国画班上，10多位居民通过课堂学习，每人都交出了满意作品。

U字形的牧色屋设置了时髦的卡座，日常作为一处僻静的阅读场所，需要时则可改成一个讲故事的"小剧场"。

书苑后一角，整齐地摆放着烤箱、冰箱、烘焙工具等，这是适应居民舌尖上的需要而开办的烘焙班，社区请烘焙师傅和懂行的志愿者亲手做起来给居民看，任大家"学手艺""偷拳头"，居民回家照着做，为

在书画室挥笔

善贤书苑一角

一日三餐添点新花样。

"社区办起书苑之后，这里就成了善贤人家最热闹的地方，有的孩子自己赶来学做喜欢的东西，有大人领着孩子一起来凑份儿的，也有老年人前来下棋练书法的，等等。总之，书苑每天都不会空着，每周起码开放35小时，大家聚集在一起，享受书香文化带来的清新和雅致。"社工许云如是说。

善贤书苑以辖区老人、青少年为主要受众。在师资上，社区党总支、居委会在借助外部专职师资力量的同时，着重引导社区有热心、有才艺、有特长的居民来充当老师。社区通过不同的文化形式和教学模式，提高居民对社区文化家园的认同感和归属感。在管理上，则充分挖掘本土资源，以辖区党员、志愿者组成管理团队，并实施积分激励制度，保

典雅恬静的善贤书苑

持书苑管理常态化。

善贤社区在场地紧张、资金不足、人手有限的情况下，自我投入办书苑，我们不妨听听社区书记沈敏芳是怎样说的。

"善贤居民原是村民，无论文化设施和文化活动都不如城里社区，这是善贤村的弱项，也是群众的一大需要。从村民到居民，从村委会到社区居委会，从单家独户的农舍到整排高楼的小区，从表象到骨子里都发生了根本变化。面对这些情况，社区党组织、居委会急需拿出主意。新老社区班子一致认为，面对善贤的转变，首先应该在以文化人、以美育人、以学养人方面跟上这个'转变'，用书香文化打底和滋润人心。"

沈书记认为，社区书苑是建设文化家园的主阵地，它像一条五彩纽带，将文化、文明和人文串珠成链，起着重要的抓手、载体作用。如今，书苑已成为居民家门口自己的"书房""活动室""大课堂"，不少居民慷慨地向书苑赠书，将图书漂流、图书谜语竞答、图书大篷车、智能机器人阅读服务等，都引入社区阅读活动的内容。每逢元旦、春节，书法家和书法爱好者，还会在社区文化家园摆摊设点，免费为居民书写"福"字和春联，将喜悦与祝福寄托于字里行间。

下一步，社区将利用好书苑这一载体，引进和孵化更多满足文化家园需求的社会组织，不断丰富居民多元化、多样化的精神文化需求，让文化化人，让书香润心，让善贤站得更高，走得更远！

第三节 笃行国学社：家门口的国学课堂

2017年，善贤社区顺应居民需要，创办了善贤人家图书馆，取名善贤书苑。继而，在拱墅区诗青年公益发展中心助力下，善贤社区成立了诗青年公益社会工作室，并以善贤书苑为依托，开办起"家门口的国学课堂"——笃行国学社，以其作为青少年学习和开启国学大门的一把"智慧钥匙"。

为什么要为青少年开设国学课堂？善贤人认为，善贤是从历史长河中、苦难的农耕岁月中蝶变而来，它需要涵养，需要补充，需要飞翔。而国学深厚笃实，它是中国历代文化传承和学术记载，浓缩了中华五千年文明的精华和智慧。让国学经典和优秀的传统文化，走进青少年的日常生活、走进学校、走进家庭、走进社区，让青少年在国学的涵养中，汲取精神养分，提升道德文化修养，弘扬民族精神，促进他们的全面发展。

在社区文化家园创办"国学课堂"，初衷是让它作为青少年群体的公益课堂，这是善贤社区的尝试，社区工作人员曾做过大量调查研究，主要从善贤的历史背景和农耕文化的特殊性方面考虑。如今的善贤人家，尤其是青少年应该补上这一课，这也是社区文化家园建设的需要。何况课堂就在家门口，孩子们连跑带跳，三五分钟就到了目的地，因此深受家长们欢迎，既少了接送的烦恼，又没有交通安全的顾虑。这种没有距离感的免费培训教育，到哪里去找？因此，"国学课堂"可用四个字来形容——"老少皆宜"。

　　国学课堂，每逢周六为开课时间（根据社区活动安排，灵活增加课程），孩子们都会集中在这里学国学、读经典、吟诗文、练书法等。除主要依托区诗青年公益组织的师资力量外，社区还不时地邀请省作家协会的作家、诗人以及浙大老师前来开设公益课堂。例如每年暑假后新学年到来前，国学课堂为学龄儿童举办开蒙礼，孩子们着汉服、诵经典、点朱砂、启智慧，在国学老师引导下，完成正衣冠、朱砂启智、行拜师礼、开笔破蒙、学童诵读、分发"智慧笔"等环节，学习尊师爱学的人生哲理，开启重要的"人生第一课"。

　　如果有人认为，国学课堂的教学会比较呆板，那你错了。这里的教学生动活泼，从孩子们"爱玩"的特性考虑，讲课中以实操为主，让大家在学中有玩、玩中有学、学中受益，所以国学课堂不仅成为孩子们喜爱的"第二课堂"，就连大人们也眼红，总想坐下来听一听。

　　深受善贤人家喜爱的"阅读节"和文化家园年会，就是从国学课

家门口的国学课堂

我是国学小学员

国学社的孩子们

堂走入大众视野的。萌芽于国学课堂的善贤社区首届"阅读节"，使小区居民走出家门，让他们在感染书香的同时，增进了邻里友谊。不仅如此，善贤"阅读节"还走出善贤人家，阅读的书香传遍整个拱墅区。

2021年新年到来前，为了营造善贤家园的迎新喜庆氛围，社区举办了一场文化家园年会。这场年会就是由国学课堂的老师、孩子及其家长们自发组织起来的，从策划编排、节目主持到登台演出等，无不给善贤人家一个大大的惊喜。

国学课堂在经典学习中，比较注重家国情怀教育。家风是什么？是一个宗族乃至家庭，世代流传下来的体现家族成员的精神风貌、道德修养、审美格调和家庭气质的家族文化风格。有什么样的家规家风，就会有什么样的人生观、价值观和荣辱观。学国学，就是要让青少年们认识到在学好各门学科的同时，中华文化礼仪教育不能少、家风民俗不能丢，这是必修课，人生的第一颗扣子要扣好。在注重青少年教育的同时，国学课堂还开设了家长课堂，让作为孩子第一任老师的父母也"充充电"，学学诸如《朱子治家格言》这类家风家训家规经典。善贤社区负责人表示，希望通过国学课堂的学习，让孩子们好学上进、懂得感恩，使家长们不忘初心、跟上时代。

此外，国学课堂还联手社区文化团队，经常开展和推广一些非遗手工系列活动和国学文化活动，吸引大家参与体验。国学课堂现已成为社区文化爱好人士的聚集点，起着社区文化家园中的"点睛"作用。

第四节　善韵排舞——"你跳起来真好看"

善韵排舞队成立于2008年8月，那时善贤社区还处在城中村改造前。借当年北京奥运会东风，在全民健身的感召下，善贤社区居民也闻风而动起来。

当时，社区一位热情热心又有点文娱细胞的居民胡玲娟，她走出家门，自发组织了排舞队，一只放音机、一块空旷场地，十几个姐妹们就跳了起来。开头排舞队没有正式名字，跳了一段时间后，才取名善韵排舞队。顾名思义，"善贤"是老祖宗取的名字，"善韵"意味着我们要跳出"尽善尽美"的韵味来！

善韵排舞队演出中

善韵排舞队演出

　　胡玲娟是善韵排舞队的队长，20多个队员都说她是这个队伍的灵魂人物，少了她不行！是啊，组建排舞队，把人员组织起来、添一个放音机都不难，难的是专业的辅导老师，一是难请，二是经费紧张。队伍组织起来了，下步谁来教？正在大家犹豫不决时，胡玲娟站了出来："姐妹们，队伍组织起来了，我们就要跳下去。有专业的老师教当然好，但也不一定是长久之计，有时花了钱还添麻烦，我们要自己相信自己，走自己的路，跳中意的舞。"

　　胡玲娟说出这番话后，就开始行动起来。她凭借自己对文艺活动的爱好和对群众文化的一颗火热之心，不求外援，靠自己的智慧和作为来破解难题。胡玲娟心中有本账，每次排练前，她先自己对着镜子，打开视频练习，一遍两遍三遍……一直坚持到自己满意为止。再把自己学会的那一套，拿到姐妹们中间，又是一遍两遍三遍……直到全队舞姿整

胡玲娟（中）和姐妹们在一起

齐，队形美观方休。

胡玲娟以她待人的热情诚恳、丰富的舞蹈知识和熟练的排舞技巧，赢得了队员们的信任，大家说："有胡玲娟这样的队长、这样的领舞，善韵排舞队何愁办不好？我们这支队伍也一定能再上一层楼。"

队员们的话说得实在。队里二十来人，虽都已上了年纪，但大家始终秉承"健康向上愉悦"理念，每天不管事情忙完或没忙完，时间一到，大家都会放一放手，快快活活地走到一起，音乐放起来，舞姿扭起来，心事放下来，健康跟上来。善韵排舞队成立当年，就一举荣获全区"拱宸杯"排舞比赛集体二等奖。

荣誉是肯定，更是激励。善韵排舞队第一步迈得踏实出色，后面的路该怎么走？胡玲娟带领队员们一起思考后得出结论：推陈出新。于是，她们在保留一些传统健身舞蹈的同时，大胆创新了一条"自编自导＋精心策划＋刻苦训练＋拿得出手"的路子。为了展示排舞队的风采，队员们还自己动手制作演出道具，融民族舞美与现代时尚于一体，给人耳目一新的感觉。

近年来，善韵排舞队在社区文化团队中，以"你跳起来真好看"称誉，在街道和区级排舞比赛中多次获奖，成为一朵开在善贤文苑中的奇葩。

第五节 善言朗读社——唤起共鸣的回声

"大学之道，在明明德，在亲民，在止于至善。知止而后有定，定而后能静，静而后能安，安而后能虑，虑而后能得……"

"故今日之责任，不在他人，而全在我少年。少年智则国智，少年富则国富，少年强则国强……"

每到周末，在善贤社区书苑，"小书童"们便手执书卷，端坐一起，在琅琅的读书声中迎来快乐的一天。这是善言朗读社的孩子们，在拱墅区诗青年公益发展中心邓奥老师领读下，饶有兴趣地诵读国学经典，时而婉转悠扬，时而慷慨激昂，时而摇头晃脑，时而一本正经，童真童趣，惟妙惟肖。

又是朗读社的一个活动日，阳光正好，轻风徐徐，秋日的家园色彩斑斓，小区金黄的树叶铺满平石铺砌的小径，脚踩在地面上，发出窸窸窣窣的响声。这次与以往不同，善言朗读社课堂挪到了小区聚贤亭，为的是让孩子们在学习诵读经典华章的同时，能直接享受自然，沐浴阳光，这给善贤的晚秋增添了一分新意与浪漫。美景入画，路过的居民禁不住驻足，围着孩子们高兴地欣赏起来。尤其那些被父母或长辈抱在怀中的小孩，牙牙学语的小宝宝看到哥哥姐姐的读书样，也不免张开小嘴，偶尔奶声奶气地冒出几个词来，逗得大家笑成一团。

"这样的场景真让人陶醉啊！"围观者中有人发出这样的感叹。

善言朗读社那清亮亮、脆生生的读书声不仅在书苑教室、小区亭阁回响，每晚还活跃在线上。朗读社老师在带领孩子们读书的同时，也希

善贤居民爱朗读

文化家园开展的朗读活动　　　　　　　为孩子们的朗诵鼓掌

望家长能抽出时间，每日坚持与孩子一起读点书，并要求录下音频上传至微信群。老师带孩子，孩子促家长，天长日久，家园形成了一种共同学习的良好氛围。陆卿妍的爸爸深有体会地说："自从2017年加入经典诵读活动以来，女儿阅读能力有了很大提高，她每周最期待的就是朗读社的国学课，而家长每晚的读书陪伴，也让自己和女儿的关系更加亲密了。"

善言朗读社的主要成员是青少年，社区成立少年朗诵团，孩子们的声音常常在社区书苑、小区广场和大舞台上响彻，居民们看在眼里，羡慕在心里，也相继成立了朗诵团、合唱团等文化团队。跟着孩子学，与孩子一起飞扬，这是善贤社区出现的新气象。

朗读社在区诗青年公益发展中心的呵护下，还诞生了一系列"衍生产品"，如儿童诗歌审美与写作、中华国学基础入门、中小学生作文写作、中华经典文学欣赏、诗歌写作大赛、经典诵读大赛和区域文化研究等，满足了善贤家园孩子和大人们的不同文化需求，从而使整个社区的文化气息日益浓郁起来。

第六节　善乐葫芦丝——怡情悦心悠扬中

"葫芦悠扬纤手弹，美人琵琶犹不及。"在民族乐器中，葫芦丝优美、文雅、亲切、飘逸、空灵的声音，给人一种含蓄美感和朦胧韵味。据传，葫芦丝的起源最早可追溯到先秦时代，远古时候也不叫葫芦丝，称葫芦笙和葫芦箫，因此古诗文中"笙""箫"的诗句出现较多。

葫芦丝音色优美，独特淳朴，外观朴实精致，轻便好带，又是诸多乐器中比较容易学的一种乐器，它虽是云南少数民族的主要乐器，但在全国各地都广为流传。当善贤社区文化家园建设蓬蓬勃勃开展起来后，居民向往用多彩的文化生活来丰富自己，一些有时间、有精力且文化程度不高的中老年人，他们首先想到的是从学吹葫芦丝中寻求欢快，提高生活品质。

善贤社区的中老年居民有这个愿望，正巧，同一小区学过多年葫芦丝的张桂海老人也想探索着找一处用武之地，就这样，在热心居民赵碧璐的促成下，2019年，善贤社区善乐葫芦丝队宣告成立。

赵碧璐是善乐葫芦丝队队长，退休后，她重温自己的爱好，捡起自己的特长，把余热发挥在社区文化家园建设中。"我始终认为，艺术是神圣的，它早已融入我的生活中，不论是弹奏乐器，还是唱歌，都能让我陶醉其中。我愿营造众乐乐的文化家园，让善贤人家的生活充满欢乐。"她是这样想的，也是这样做的，她把在老年大学学到的知识，经消化后，一五一十地传授和分享给队员们，大家进步，才是她最开心的事。

善乐葫芦丝队演出中

　　前面提到的张桂海老人，他是葫芦丝队的一员，他比别人学得早，掌握的技巧也多一些。他耐心地从葫芦丝的推介、按孔方法、演奏姿势、气息运用等最基础的知识讲起，每一个指法、每一个发音、每一个表情，甚至每吹一口气，他都自己先演示、说要领，等大家都掌握了入门练习，再渐渐开始教大家学习各种技巧，如长音、连音、强弱音、循环换气、打音等吹奏葫芦丝的技巧，这些知识他一点一滴地传授给队员们，直到大家理解消化为止。

　　善乐葫芦丝队的成立时间不长，队员们都是抱着自娱自乐的心态走到一起，大家互相尊重，互帮互学，氛围很轻松，大家进步也很快。最使他们感动的是社区对葫芦丝队开展活动十分支持，不少队员感慨地说："刚成立时我们没有一个固定场地，随着社区文化家园建设的

在家门口的舞台上演出

队员们在认真排练

推进，我们的担心早已过时，如今社区已为我们提供了宽敞舒适的室内练习场地，对我们也很关心尊重，每次社区开展活动都邀请葫芦丝队参加，想起这些，真的要好好感谢善贤社区。"

当你聆听善乐葫芦丝队的精彩演奏，你一定很难想象这支葫芦丝队的平均年龄已逾花甲之年了，他们中年龄最大的今年已83岁了，但他们的心态，依然不老。

第七节　善艺工作室——光彩夺目惹人爱

善艺工作室是在善贤社区推进文化家园建设过程中诞生的一支文化团队，工作室以特有的"善"文化为精髓，旨在回味乡愁，赋能传统。善贤人家从老祖宗的各色手工制作中，感受取之不尽的浓厚文化底蕴，同时紧跟时代，拥抱互联网，推陈出新，传播善贤的"善"文化。

用上自绣杯垫，喝茶都有情调

刺绣是通过针线把各种装饰图案展示在织物上的一种艺术，它的用途主要包括生活和艺术装饰等，是中国民间传统手工艺之一，在中国至少有二三千年历史。因此，刺绣也成了善艺工作室的"保留节目"。工作室成员，从小小的杯垫开始着手刺绣活动。别以为刺绣就像缝纫那样容易，妇女谁不会来一手，但要在一个小垫上绣出花草动物来，并不是一件容易的事。在社团老师悉心指导下，队员们（其中还有小朋友）穿针引线，有绣锦鲤的，有绣荷花的，有绣文房四宝的，在一挑一拨一捻中，一幅幅生动活泼的图案呈现在大家眼前。

"不简单！"这是家园邻里和外来参观者的共同感言。居民胡阿姨更是体味有加："用自己绣出来的杯垫，喝起茶来也感觉格外有情调。"

这样的针织课意犹未尽

针织课是善艺工作室众多姐妹们的共同爱好，原来大家或多或少都有些针织基础，缺的只是花式造型与时尚创意结合。不懂就学呗，社

传授刺绣手工　　　　　　　　方小芳展示手工制作品

区从市总工会请来精通针织技艺的志愿者陆老师，由她前来上针织辅导课，与大家一同分享针织经验与技巧。

为了让更多对针织感兴趣的居民来课堂学习取经，善艺工作室准备了不少五颜六色的针织毛线、针织工具和原有的作品。平时大家都是独门独户独个人在家打毛线的妈妈、婆婆、奶奶们，挑个平针或简单花样还可以，要想挑出美观时髦的图样来，就只能"拜拜"了。今天，老师在场，高手指教，于是，不懂的可问，疑难的可教，创新的可提，陆老师总能给出一个让你满意的答案。一堂针织课，意犹未尽，邻里们希望有更多这样的听课、交流机会。

剪纸文化大有学问

"社区举办的暑期班，请老师教伢儿们做折纸、剪纸手工，真的太有意思了。他们回到家都说这个暑期班办得好，既开心又学会了做手工，希望今后还能办。"暑假期间，善贤社区经常接到这样的电话，这是辖区家长打来的，他们夸赞剪纸课堂让孩子们在"纸文化"熏陶下，心也细了起来。

原来，善艺工作室利用暑期假日，请来杭州书法家协会谢老师为孩子们传授非物质文化遗产——剪纸。课堂上，只见老师拿起一张纸，通过简单的折叠，经他手中的剪子上下左右、里外曲折几剪刀，梅花、松鼠、彩蝶、锦鲤、双喜等优美的剪纸艺术就呈现在了孩子们眼前。"剪纸需要耐心，纸文化大有学问"深深印在孩子们心里。

此外，来自杭州市阳光公益大舞台的4名手工技艺达人，也被邀请到善贤善艺工作室，他们分别掌握着技巧娴熟的针织、丝网花、景泰蓝、木雕等手艺。通过课堂教、手把手学，原来一窍不通的学员，现在不仅学到了怎样掐丝、钩针、拉花等工艺，而且让单调的一张张素纸或彩纸，通过自己的手工，变成了一幅幅工艺画、一件件活泼可爱的工艺品。

热衷景泰蓝工艺画制作

景泰蓝工艺画制作是善艺工作室常态化的活动内容，在上塘街道乃至拱墅区都小有名气。景泰蓝工艺画被称作彩沙画，是中国著名的手工艺品，它与传统的景泰蓝制作方法相比，不用制坯、不需烧制和打磨等，省了很多工序，但可制作山水、人物、花鸟、动物等，适用于家

方小芳在向孩子们传授景泰蓝工艺品制作技术

庭、会客室装饰和作为馈赠亲友的高雅礼品。据说这种工艺画盛行于明代景泰年间（1450—1457），距今有500多年历史。

　　方小芳热衷于景泰蓝工艺画制作，是善艺工作室的发起人，她于2015年成立善艺工作室。为了能娴熟地掌握这门技艺，她除了从书本上、网络中汲取灵感外，还前往杭州市总工会拜师学艺，功夫不负有心人，复杂好看且珍贵的景泰蓝工艺画制作技艺终于被她拿下，作品出来了，当然皆大欢喜。有了样子，那些早就"眼红"的左邻右舍中的爱好者，也向方小芳报名，要求加入到她的队伍中来，大家共同做善艺。

　　每年寒暑假，方小芳都会利用善艺工作室场地，为社区青少年开办景泰蓝公益课程，通过寓教于乐的方式，向青少年传授景泰蓝制作技术，传播传统文化。

方小芳还将景泰蓝工艺作品与廉政文化宣传结合起来，说起这件事，还有一个小故事。有一次，她与社区纪检工作人员小黄闲聊时，共同谈起了廉政宣传的载体问题，小黄说能不能将廉政宣传的内容融入景泰蓝工艺品制作中。一句话，说到了方小芳心里。就这样，小黄负责提供素材，方小芳开始动手制作成品。

功夫不负有心人，有投入必有产出，通过善艺工作室队员们的共同努力，一件件带着廉政文化色彩的景泰蓝工艺品展现在大家面前，如工艺画、手机壳、挂饰、摆件、首饰盒……方小芳说："创作一幅完整的景泰蓝作品，图案设计一般要三四天，大一点、复杂一些的花时间会更长，像社区清廉logo，花了半个来月的时间，但每每看到这幅作品就觉

自制的景泰蓝作品

在善艺工作室学习手工刺绣的姐妹们

得很有成就感。"

　　如今，无论是社区居民还是外来参观者，每当走进善艺工作室，都会被陈列着的各色景泰蓝清廉文化工艺品所吸引。"这些手工艺品精致清朗，蕴含的主题深刻，在欣赏中接受警示教育，真的很有创意！"这是前来参观的人共同的评价。

第八节　诗青年——文化家园建设的助推手

打造社区书香文化家园

2018年，拱墅区诗青年文化团队注册成立诗青年公益发展中心，进驻善贤社区帮助开展文化家园活动。中心融入社区后，主打"书香文化家园"品牌，坚持每周至少开设两门文化课程，包括诗歌审美和写作、国学经典、书法、绘画等，课程首先面向青少年，通过丰富多彩的文化活动内容和现代教学方式，让"承载希望"的他们学习和传承中华悠久文化，养成爱读书、读好书、善读书的习惯，提升自身的精神境界和审美素养。进而通过青少年，影响社区一大片，形成"处处有书香、时时有书声"的品位文化家园。

诗青年举办的国学课堂

在倡导读书的同时，中心与社区携手合力开展社会公益实践、文化雅集、公益讲堂、亲子文化研学等特色文化活动，助力社区建立起书画社、朗读社、诗社、茶社等文化社团，还开设了专门面向成年人的公益课堂。中心从成立一开始参与者寥寥无几，到现在参与活动都需要报名预约，这证明中心受到了社区居民的一致认同和好评。

非遗文化进社区

为丰富社区文化生活，提高社区青少年对祖国优秀非物质文化遗产的了解，提高他们保护和传承"非遗"意识，诗青年公益发展中心利用暑假时期，开展了"非遗文化进社区"活动。

我国是世界文明古国之一，她的一个伟大标志就是古代的四大发明——造纸术、印刷术、火药、指南针。诗青年公益发展中心以中国四大发明为主线，向善贤社区的孩子们讲述道："中华民族五千年文明，我国古代的四大发明是中华民族奉献给世界的伟大技术成果，对世界历史进程产生巨大影响。"在活动现场，指导老师先让孩子们了解活字印刷技术的历史渊源，并将活字印刷所用的材料分发给孩子们，然后，手把手地教大家如何将一个个汉字排版成文。在老师的口授心传下，机灵的孩子们在课堂上基本掌握了拣字、上墨、铺纸等活字印刷技巧，收获了一本属于自己的活字印刷品。下课了，孩子们兴奋地议论着："课堂上老师教我们活字排版印刷术，一个个汉字雕刻得很好看，以后我们写作业，字也不应该乱写，要体现出汉字漂亮的一面。"

"迎亚运"趣味运动会

2021年建党百年华诞来临前，诗青年公益发展中心联手善贤社

孩子们认真学习书画

孩子们在非洲鼓培训班上

区，举办了"迎亚运·庆建党"——居民趣味运动会。为了办好社区首届运动会，双方进行了精心策划，目的是尽可能满足居民多方面的兴趣爱好。因此，运动会的内容除设立趣味互动大联欢、跳绳、负重单脚站立、夹玻璃弹珠、运送乒乓球等居民喜闻乐见的闯关竞赛外，对一部分喜欢幽静舒缓的邻里们，组织者还特意邀请社团展示茶艺交流活动，让他们在品茗观赛中感受亚运气氛，在欢声笑语中过一把"运动瘾"，提升他们作为东道主的自豪感和责任感。

通过这次运动会，双方都有意向，要积极创造条件，为社区居民建立周期性的健身活动日、体育文化节、社区运动会等，带动和促进社区居民养成常态化的健身新理念，在运动中感受生活的美好。

开展"追红"实践活动

红色，是中国共产党、中华人民共和国鲜亮的底色。2021年是中国共产党成立100周年，为使社区孩子们过上一个健康快乐有意义的暑假，在诗青年公益发展中心策划下，善贤社区建立了童心向党"追红"

诗青年组织青少年开展暑期"追红"小分队实践活动

小分队，以善贤书苑公益课堂为依托，中心老师为主讲，在青少年中开展追溯红色记忆、体悟红色文化、传承红色基因、赓续红色血脉、继承红色事业等"七个一"实践活动。

诗青年公益发展中心的老师带领青少年，学习杭州解放前夕，金萧支队十二烈士在艮山门外英勇就义的英雄事迹，开展追溯红色记忆、体悟红色文化等活动。继而，在学以致用的实践环节中，孩子们来到社区文化家园，共同参与大扫除活动——孩子们擦门窗、抹桌椅、整理文具书籍等，干得很认真。在快乐分享环节中，孩子们开心地讲述着自己最喜欢的一本书，还为喜爱的书籍制作了"好书推荐"共享手抄报……

在开展这些红色活动中，社区党员也纷纷参与其中，发挥各自优势，起到了一名党员一面旗的作用。中心老师不禁为"追红"活动点赞，还送上"强国有我，请党放心"八个字与孩子们共勉。

免费国画班首批学员结业

为满足善贤社区有绘画基础和想学国画的居民的需求，诗青年公益发展中心的国画老师得知后，深入社区，领受了居民这个"微心愿"。很快，社区文化家园免费开设了国画班。消息一传出，居民们踊跃报名参加。

国画是中国的传统绘画形式，是用毛笔蘸水、墨、彩作画题字于纸或绢上，题材广泛，可分为人物、山水、花鸟等，技法主要有工笔、写意。善贤国画班就办在家门口的善贤书苑，这里又静又雅，是开课的理想场所，课堂上老师一边说一边挥笔示范，耐心地传授国画运笔技法与技巧，由简到繁，由浅入深，让居民们感受国画的魅力，中心专业图画老师将国画课上得有声有色，学员们学习兴趣始终高涨。

首期国画学习班，一批通过12课时的正规学习体验的居民学员都画出了自己认为满意的作品，顺利结业。

■延伸阅读——诗青年公益发展中心介绍

拱墅区诗青年社团成立于2015年，建队宗旨立足杭州、面向全国、放眼国际，以传播诗歌及相关优秀文化为己任，用诗歌发出"杭州声音"、讲好"杭州故事"、彰显杭州人文精神，并以诗为媒，促进杭州与全国乃至国际间的交流。诗青年社团以打造杭州第一文艺平台为目标，至今已发展成为杭州乃至浙江省的一张重要的文化名片。

2018年6月，诗青年社团正式注册成立诗青年公益发展中心，这是一个由浙江省青年诗人、国家高级茶香花艺师、资深国学讲师、高校教师等联合组建的文化型社会组织。自成立以来，中心秉承"以文化人、普惠大众"的导向，依托社区文化家园，积极推广与中华传统文化和社会主义核心价值观相融合的社区人文教育，扎根基层文化阵地，为居民打造一个"处处有书香、时时有书声"的充满诗意的文化空间，深受社区群众的支持与信赖。

诗青年的志愿者们品茶交流

2010年9月，善贤地块农转居公寓正式开工

第二章　善贤破茧

　　据《善贤志》介绍，历史上的善贤村由隽堰头、陆家村、堰斗浜3个自然村组成。民国时期，因隽堰头村声名狼藉，一位有良知的行医者提出，将村改名为"善贤村"，以倡导善行贤达风气。

　　本章介绍善贤村"村去城来"的美丽蝶变：完成城中村改造并顺利回迁，创建撤村建居社区示范点，开展社区智治试点。善贤村经过了"三级跳"，这是它蝶变的"微史记"。善贤社区建立后，成功实践了善贤"家园131"社区治理模式，打造了村改居社区城市化转型样板。社区还制订了一部社区居民共同遵循的"守则"——《社区公约》。大家心中常存"乡愁""家园"情怀，共同为家园之光骄傲。

　　本章还邀请善贤社区党总支书记沈敏芳，畅谈对善贤社区未来的展望；善贤经合社党支部书记、董事长、原社区党总支书记胡忠华，介绍了对社区"村改居"城市化转型跨越的体会与经验。

第一节　善贤村蝶变"微史记"

善贤村前身是善贤坝（亦称善贤闸），传说是明代一位富人私自开挖建筑而成。翻阅历史，善贤坝是为满足上塘河拱墅段口岸的交通和物资运输而开凿的一处船只翻坝之地，与皋亭坝、德胜坝齐名，是上塘河船只翻坝遗址中最独特的历史景观。

在漫长的历史岁月中，善贤坝曾是远近闻名的水运小码头集镇。说这个集镇有点名气，因为不大的地方设有国立小学、私塾学堂、茶馆、酒肆、布庄、打铁铺、菜市场、理发店、服装店、早市夜市等。因兵荒马乱、苛捐杂税，加上"隽堰头"（周边一个自然村落）的地痞流氓横行霸道、为非作歹，经常敲诈勒索过路船家，此地留下了"船过三十六码头，难过杭州隽堰头"的臭名。长此以往，善贤坝做生意的经营惨淡，种田地的忍饥受饿，善贤坝人不断远走他乡外出逃难，使这里的人口逐渐减少，门庭冷落。

据《善贤志》载，历史上的善贤村由隽堰头、陆家村、堰斗浜3个自然村组成。民国二十九年（1940），有位行医者叫陈子宏，医者仁心，穷人都找他治病，他看到隽堰头村民贫困交加的窘况，就善意地奉劝村民再穷也要以善贤良德为本，善有善报，并提出把"隽堰头村"改名为"善贤村"。

1949年5月3日杭州解放，在所在地皋亭乡党委、政府领导下，善贤坝正式成立善贤村。20世纪五六十年代，村民虽然扬眉吐气，当家做了主人，但村里92户人家，300余人的生活条件仍然没有多大改善，居住的房屋还是以泥瓦房、草房为主，只有少数村民住进了木结构楼房。

"文化大革命"时期，"善贤"两字被批判为"中庸之道"，善贤村改名立新大队。1984年6月，根据市有关政策文件的指示，立新大队重新改换成叫善贤村。从此后，善贤村民的生活条件才逐步得到改善，草房改建成泥墙木结构的瓦房。不久，有村民又把平房改建成了两层楼房，用上了平瓦和玻璃瓦。外墙贴上了马赛克，室内也用水泥浇地。家电更新换代，彩色电视机、电冰箱、电话、洗衣机等，逐步走进农家门，煤炉、柴灶也开始被煤气灶取代。到了90年

乡村记忆展陈馆

善贤社区服务大厅

代，随着改革开放逐步深入，村委统一规划村子建设，村民普遍第二次改建住宅，拆除了瓦片木结构平房，采用红砖、混凝土建起三层楼房，有的直接建起了四层。生活条件日趋改善，有村民戴上了高档的进口手表，腰带上插了BB机，条件更好的购买了大哥大和小轿车，一个富裕的新农村开始形成，小康生活开始起步。

1999年11月，善贤村撤村建居，成立了善贤社区，居民年均收入从20世纪七八十年代的200元趋升至26000元。随着善贤股份经济合作社产业规模的不断扩大，经济效益显著增长，善贤居民生活如芝麻开花节节高，一年更比一年好。

走进新世纪以后，多数居民进行了第三次改建住宅，有的把三层楼住宅改建成别墅式，有的把住宅改建成四层楼房；家家安装了空调，添置了电脑，基本上人人持有手机，不少人家门前停着小轿车；吃的讲营养、穿的要漂亮，老年人退休有劳保、治病有医保……善贤居民过上了小康日子。

2009年5月，随着杭州的大步跨越，善贤社区正式吹响了城中村改造的冲锋号。至2014年11月，由7幢22—24层现代高楼组成、总面积达9万余平方米的"善贤人家"正式交付使用。展望明天，善贤社区正昂首阔步走在未来社区的建设大道上。

第二节　善贤的"三级跳"

行走在杭州市拱墅区上塘街道善贤社区内，看着这个由高楼群组成的新型社区，也许有的人对善贤村过去的旧貌已开始模糊。但生活虽变，乡愁还在，翻看善贤村村志，有人总结说，善贤走过来的是一条巨变路，是"三级跳"带来的结果。

实现"村去城来"美丽蝶变

岁月嬗递，华章续写。城市化发展的巨轮滚滚向前，城市面貌日新

善贤"村改居"前老照片

月异，随着高楼大厦拔地而起，城市不断向周边拓展，处于城乡接合部的城市边缘地区，设施老旧、环境脏乱、安全隐患突出、交通不便等与现代城市发展格格不入的问题和矛盾暴露无遗。于是，一场"城中村改造"的硬仗开始在全市全面铺开。拱墅区上塘街道善贤村积极响应，一马当先，于2009年5月10日，声势浩大地召开了善贤村"城中村改造动员大会"，正式吹响了城中村改造的冲锋号。

善贤人的这股子冲劲来自亟须改变村子面貌的现实。20世纪末，善贤村土地面积约500余亩，政府先后征地近400余亩，剩下仅百余亩土地。在这有限的土地上，居住着近200户村民，700余本村人口，外加2000多的外来人口。村民建房的人口不同、面积不同、条件不同、结构不同和年代不同等，造成了居住环境混乱、道路狭窄、下水设施不到位等问题。一旦遇到大雨天，便"水漫金山"；万一发生火灾，有的地方连消防车都无法进入；环境的脏乱差就更甭提了……

打响"城中村改造"，让善贤村民激动、欣喜、渴望。2010年9月27日，善贤地块农转居公寓举行开工奠基仪式，这是善贤历史上最难忘的一天，红旗飘扬，彩球高悬，社区腰鼓队敲响助兴。年过七旬的居民赵碧璐见证了这激动人心的场面，作为一位外来的"善贤媳妇"，她清楚地记得，从2010年9月开工，不到5年时间，20余层高的7幢安置楼房拔地而起。2014年11月起，善贤居民陆续回迁，赵碧璐高高兴兴地搬入了洁净明亮而又宽敞的新居。

踏着历史尘土而行，城中村改造，风雨兼程。从低矮的平房到高耸的楼房，从基础设施缺乏到公建配套一应俱全，善贤村从一个狭小破旧的小村庄一步步"变身"为整洁美观的现代小区，实现了"村去城来"的美丽蝶变。

成为"撤村建居社区示范点"

善贤属于安置回迁小区，通过居民投票，取名为"善贤人家"。从农宅搬入高层电梯楼，居住条件变了，生活习惯就不能不变。"善贤人家"共有7幢高楼，地下场地共有7处非机动车推行坡道，然而在实际使用过程中，有不少居民反映推行坡道坡度大、坡道面积过窄，推行自行车、电动车既费力，又难以掌控，存在安全隐患，特别是上了年纪的人意见更多。

由于硬件的不到位，很多居民都不愿意把非机动车停放在负一楼规定区域内，而是搬到自己楼道或者停放在小区路旁。这种乱停现象，不仅影响行人通行，堵塞了楼道消防逃生通道，而且严重影响了小区路面秩序以及整个社区环境。

社区接到居民反映和倾听大家意见后，及时召开了"两委"班子会议研究，决定对"善贤人家"7幢楼的非机动车坡道进行整改。接着，社区召集居民协商议事会议，公布了整改方案并再次征求意见，内容包括改造方案、预算、效果等，方案得到大家一致认可。决定了的实施方案一天也不能拖，整改项目仅两个月余时间就竣工了。整改后的坡道，坡度平缓，推车通道拓宽，上下推车不再十分吃力。这样一来，居民都愿意把车停放到负一楼规定区域，乱停车的现象消失了，消防通道变得畅通，小区路面变得整洁宽敞，小区环境焕然一新。社区还从人性化方面考虑，在7号楼旁空旷地，精心设置了残疾车停放与充电处。

善贤社区作为拱墅区最早的一批城中村改造社区，走个性化社区路子，量身定制了一套全景式智慧管理系统。不用太多的文字描述，不妨听听居民对这张智能门禁卡的评价："我们善贤人家用的这张门禁卡，不同于一般小区，是高科技的，一卡在手，烦恼事全无。"从此，"小事不出网格，大事不出社区"的初衷真正落地见效。多年来，善贤社区做到零发案、零上访、零事故，社区物业费收缴率达100%，住户对物

高楼拔地而起的"善贤人家"

业管理满意度达90%以上，善贤人家和谐相处，家园文化氛围浓厚。社区被评为杭州市撤村建居社区示范点，前来学习取经的络绎不绝，最多时一年要接待约200批次的来访客人，善贤简直成了"网红"社区。

"智慧化"为社区治理赋能

善贤社区是全市第一批"社区智治"试点单位。社区依托数字化、智慧化，首先将智慧党建理念移植到社区服务和治理中。其次，社区独立开发了"社区微脑"，实施居民动态数据和静态数据的采集工作，并通过"优户通"智慧物联社区平台，构建起社区综合性的"社情云端"。此外，还同步开发了用于党员管理和门禁、停车、安防、垃圾分类等多项管理工作的"数果果"系列小程序。"善贤e家人"智能卡还可进行电动车安全充电、监测老人小孩安全等实操。通过数字赋能，有效提升社区治理的精准化和服务精细化程度，从而淡化行政色彩，提增社区自治功能。

例如，当时在垃圾分类等管

理中，小区使用的垃圾桶都是定制款，一个垃圾桶打开后分一黄一绿两格，对应垃圾袋的颜色也是一黄一绿两只，绿色放厨余垃圾，黄色放其他垃圾。每个垃圾袋上都有专属的二维码，居民领取时刷智能卡，袋子上的二维码就会和户主信息对应，"智慧化"的运用有效地推进了这项工作的顺利进行。习惯成自然，目前小区垃圾分类由志愿者引导督促一下就能做好。又如在疫情防控中，社区开发了专门用于信息采集的应用小程序，实现电子自主申报，简化了手工输入、整理、电子化、汇总等复杂环节，形成了一套问题发现、上报、处置的闭环回路，有效减轻了社工和志愿者的工作量，也确保了基层防疫数据采集的高效、准确、安全。截至2021年，这套系统已为全国11个省市162个社区提供了数据支持，为打好新冠肺炎疫情阻击战提供了技术支撑。

第三节 "家园131"社区治理模式的成功实践

1999年撤村建居后的善贤社区党总支,下辖4个党支部、54名党员。2014年整村回迁后,社区党总支从"旧貌换新颜"的实际出发,不断强化党建引领,积极探索"家园131"社区治理模式。这里的第一个"1",即坚持以"党建引领构建社区大家庭"为核心理念,"3"则以"民主治家、智慧管家、文化润家"为三大聚心法宝,"3"后的"1",则以"打造村改居社区城市化转型样板"为初心目标。社区依靠党建力量引导各方资源向小区家园汇聚,推动善贤社区从原环境脏乱差的城中村嬗变为整洁美观的品质宜居型社区,社区因此被授予"浙江省民主法治社区"荣誉称号,社区党总支被评为"杭州市最强党支部"。

党建引领方向明

2010年,善贤居民信赖的胡忠华被选为社区党总支书记,上任伊始,他和支委们将"让居民过上有品质的城市生活"摆上重要议事日程。在他的带领和监督下,善贤社区仅用1年时间就完成了整村拆迁,善贤家园回迁房质量不亚于商品房的质量。新居建设,对祖祖辈辈住农舍的善贤人来说,是天大的事。为了不辜负居民的期盼,善贤社区党总支选派了3位责任心强、能坚持原则又具有土木专业背景的骨干,担任回迁房质量监督志愿者,参与从图纸设计、主体建设、配套工程,到交付验收使用等全程环节的把关工作。临近回迁前,胡忠华又亲自带着班子人员和内行人员,一连走访全市及周边近30个具有榜样意义的社区,学优

中铁三局向善贤社区送锦旗

善贤社区智慧门禁卡

取经，扬长避短，为善贤由农村向城市转型号准脉搏。

俗话说，家和万事兴，人和财运旺。一个农转居的小区顺利建成且"零保笼雨篷、零乱搭乱建、零楼道堆积、零毁绿种菜"，社区垃圾分类工作在党员志愿者队伍助力下，打了一个"漂亮仗"。因此，社区被评为"浙江省高标准生活垃圾分类示范小区"。事实证明，要让"家人"相处得平安祥和，一个好的社区管理模式至关重要。"党建引领方向明，这决不能含糊。社区的大事要事我一个人说不算数，要大家一起讨论确定，心里才踏实。"胡忠华时常这样提醒自己。

让民意热起来

2020年，社区班子顺利完成换届，新一届班子成员平均年龄37.2岁，百分之百的大专及以上学历，参选率和当选率"双过百"，这为社区新一轮发展夯实了组织基础。

为了推进善贤社区民主自治、实现党内民主集中制下的社区民主自治，社区建起了"1+1+N"自治大联盟，即以社区党总支为核心，社区"家委会"为主体，居委会、物业、共建单位、社会组织等为延伸的议事决策联盟。同时，党总支积极探索构建以小区为枢纽的党组织融建机制和三方协同治理为核心内容的多元共治微观体系，此举充分调动了居民群众参与社区事务的积极性，让社区包揽管变成大家参与管。凡是社区重大事项均由社区党总支先行把关，后提交社区"家委会"讨论，再由居委会等社区组织执行。

例如在制定社区公约时，社区先发动全体党员，逐户上门做宣传发动和征集意见工作。花了3个月时间，从全体居民中收集到300余条意见建议，几易其稿，直到达成一致通过的公约条文。近年来，善贤社区推出的许多"民生微实事"项目，都是通过居民提议与投票决定的，如残疾人停车位改造、小区电动车坡道改造、阳光老人家建设等10余项群众关心的事项。一件件看上去并不是大项目，但都与居民切身利益相关，办到了大家的心坎里。若遇到可能引发争议的事项，社区党总支都会事先征询党员代表、居民代表、流动人员代表及其他社区组织意见，并首先在党员中统一思想。社区治理有了党建引领，大家心动变行动，民意热了起来。"小区里要建什么，不能建什么，大家都可畅所欲言，说个道理，弄个明白，这样社区就会变得越来越温馨。"不少居民都有这样的感同身受。

为"社区智治"开新路

善贤社区是杭州市首批"社区智治"试点单位，社区充分运用现代信息技术进行社区治理。线下实行网格化管理，整个社区被划分为3个网格并建立了网格党支部和10个楼道党小组，党员们发扬密切联系群众的光荣传统，走家入户，或主打"熟人牌"，相对固定联系3至5户本地居民，或主打"服务牌"，动态联系8至10户流动居民，给予"面对面"关心。线上则采用智慧化手段，积极推行党员智能卡系统。党总支书记通过数字化党建责任清单抓实党建工作，并将智慧党建理念应用于社区治理，优化打造社区"微脑"，实时采集居民动态数据和静态数据，并通过"优户通"智慧物联社区平台，构建起全社区人、车、物、事的"社情云端"，精确掌握社区全情。

与此同时，社区还开发了"数果果"系列小程序，专门用于党员管理、门禁、停车、安防、垃圾分类以及电瓶车安全充电、监测老人小孩安全等精准管理。两网融合，智慧治理，社区有效实现了连续多年零发案、零上访的平安局面。特别是在疫情防控中，社区灵活快速地开发了应用小程序，专门用于信息采集，实现电子自主申报，大大简化了手工输入、整理、电子化、汇总等环节，形成一套问题发现、上报、处置的闭环回路，既减轻了社工的工作量，又确保了防疫数据采集的高效准确。这套系统已为全国11个省市162个社区提供了数据支持，为打好疫情阻击战提供了技术支持，为全市"社区智治"开创了一条新路。

努力谱写未来社区新篇章

社区党总支注重在居民中培育家园情怀，通过"和家、美家、爱家、恋家、荣家、兴家"的"六家诀"，春风化雨、潜移默化地让居民呵护自己的家园。社区修订社区公约，建起"公约墙"，树立社区治理"小宪法"，编纂《善贤志》。在拆迁时保留"善贤坝房"老房子，开辟600多平方米的"开心农场"，使居民留得住记忆、看得见乡愁；开辟"善贤廊"，展示"善贤之星"美德事迹；针对物业管理难题，选派了两名党员骨干到专业物业公司蹲点学习，自建"点滴物业"，让居民自己管自己；打造善贤书苑，开设"国学班"；积极搭建社会组织"孵化"平台，成功培育诗青年公益发展中心，为周边兄弟单位提供经典国学教育……与此同时，社区积极挖掘小区内的优秀党员、新乡贤、高知分子和热心公益市民，培育了一批本土化的群团组织；构建小区"党建微盟"，优化提升打造"善"文化社团品牌，培育"家"文化；结合"社团艺术节""社团主题月"等活动，鼓励引导居民群众创办自主运营的社区公益团队。社区通过党群共建美好幸福家园的"新善贤实践"，促进了社区服务社会化工作的步步深入。

当前，社区党总支以"打造村改居社区城市化转型样板"为目标，创新探索，真抓实干，努力谱写善贤未来社区建设的新篇章。

第四节 "社区公约"，善贤文化的共同遵守

当你来到"善贤人家"中央花园，就会看到一堵石墙，上面醒目地镌刻着"善贤社区公约"。为什么要把社区公约放在如此引人注目的地方？说来话长。

善贤社区历史底蕴深厚，善贤人善良贤德。然而，从前这里也曾是地痞恶霸猖獗之地，"船过三十六码头，难过杭州隽堰头"就是明证。世上总是好人多，后来在一位开明人士的启迪下，村民们驱散了恶势力，重新树立起良好的乡风。这里的人们一直把"善"与"贤"传承了下来。如今，社区制定"善贤社区公约"并把它镌刻于墙，就是为了告诫大家，生活在这片土地上的人们都是讲道德、明事理的。这对于推进社区精神文明建设自然有着十分积极的意义。

2009年，善贤村实施整村拆迁，大部分村民暂时离开了这片生活了一辈子的土地。从那时候起，在社区党总支书记胡忠华的脑海里，就开始考虑要给回迁后的善贤社区制订一个共同遵守的公约，善贤人不仅住进崭新的高楼，更要有一种崭新的精神面貌。

胡忠华与社区班子人员几经深入思考：这个社区公约该是什么？是一部社区自治的"法律"？是一部社区居民的"守则"？还是用来限制居民行为的"桎梏"？通过集思广益，本着开创新风正气的目的，大家认定社区公约应该引导居民什么该做、什么不该做、怎么做才是一个好公民，通过公约来展现社会主义核心价值观在本社区精神层面的具体体现。

  2014年底，"善贤人家"落成，居民们开心地拿到了新房钥匙，从这时候起，社区党总支正式将制订社区公约提上了议事日程。工作人员开始从各种资料上寻找相关素材，让大家对社区公约有个共同的认识。在此基础上，社区召集社区工作人员，去良渚文化村等地学习考察，邀请社区党员、德高望重的老同志和居民代表共商共议。值得一提的是社区的一些老党员、老人家，对制订社区公约十分认真，撰写与提出了一系列内容：诸如社区公约一定要方方面面都涵盖到，不要有疏漏；语言要通俗易懂，朗朗上口，便于传承；该公约要镌刻在小区最显眼的中央花园墙上，同时要兼顾视觉效果……

  善贤社区地理位置特殊，小区有近七成人员为外来人员，他们既是

善贤社区公约墙

外来客，也是小区一员，要引导他们融入家园生活中。社区公约他们理应遵守，同样也要让他们参与到这个公约的制订工作中来。社工们主动上门走访，精心定制了一批宣传材料，连同公约初稿，一同放进印有善贤社区标志的资料袋中，挨家挨户上门宣传，鼓励外来人员一起来出谋划策。

经过上述一系列的周密工作，社区工作人员初步梳理出近30条细则，形成了一个多细节的社区公约。从社会公民到小区住户、从大家到小家、从家庭到个人、从思想到行为，全方位给予规范。

最终形成的《善贤社区公约》，共分五大篇，为八句八言句式，对仗工整，合辙押韵。其主要内容是围绕五个主体来构建的：提倡大家热爱祖国热爱人民，远离违法行为，希望居民们要担当社会责任；提倡大家要爱护环境，文明出行，希望居民们在日常生活中要讲文明树新风；提倡大家夫妻和睦，尊老爱幼，希望居民们家庭生活和谐美满；提倡大家移风易俗，垃圾分类，投身公益事业，希望大家改变生活习惯，提升生活品质，实现个人价值；同时，自己家园的历史，也被写进公约，让大家心中常存"乡愁"和对"家园"的眷顾。

其实，社区设置的"公约墙"，是今日"善贤人家"老一辈人传下来的善良、贤德的优良传统的具体载体，社区将宣传重心向下一代倾斜，鼓励家园的青少年积极参与到学习社区公约、背诵社区公约活动中来，让他们懂得，今天的"善贤人家"来之不易，要为善贤更美好的明天发奋努力！

附：《善贤社区公约》

善贤社区公约

国家篇

热爱祖国共创和谐，爱岗敬业明礼诚信。

抵制诱惑修身自律，反对邪教远离毒品。

公共场合注重礼仪，举止恰当谈吐得体。

勇于担当公民责任，遵纪守法维护正义。

社会篇

爱护公物美化环境，花草树木毁之可惜。

文明装修杜绝群租，群防群治生活安宁。

车辆进出减速慢行，有序停放规范管理。

楼道畅通不堆物品，消防安全警钟长鸣。

家庭篇

孝敬老人呵护子女，夫妻恩爱美满家庭。

邻里之情甚于远亲，互相帮助守望照应。

饲养宠物不可扰民，文明遛狗不留污迹。

崇尚科学不搞迷信，树立家风传承家训。

生活篇

社区建设集思广益，谏言献策你我参与。

资源有限循环利用，垃圾分类方可持续。

婚丧乔迁移风易俗，勤俭节约浪费可惜。

社会活动积极响应，彰显特长投身公益。

故 乡 篇

古有隽堰依河而建，名医子宏改名善贤。

善良贤德心地纯洁，淳朴乡风传承绵延。

撤村建居旧貌新颜，乙未之年定此公约。

亲亲共融和合善贤，华丽转身迈向新篇。

第五节　善贤家园之光

近年来，善贤社区不断加强对文化家园建设的投入，通过文化滋养引领新风尚、新气象，体现了"大家庭"的温暖，先后获评：

浙江省民主法治社区	浙江省老龄工作规范化社区
浙江省综合减灾示范社区	浙江省高标准生活垃圾分类示范小区
杭州市和谐社区	杭州市充分就业社区
杭州市最强党支部	杭州市先进基层党组织
杭州市撤村建居社区示范点	杭州市市级高质量就业社区
杭州市五星级文化家园	杭州市城市体育先进社区
杭州市卫生社区	杭州市第一批社区"智治"试点单位

2020年度杭州市清廉村居特色样板

拱墅区担当作为好团队	拱墅区特色社区
拱墅区文明社区	拱墅区学习型社区

拱墅区家庭文明建设示范基地

拱墅区企业退休人员社会化管理服务"5A"级单位

拱墅区2021年度"扫黄打非"进基层示范单位

拱墅区第七次人口普查区级成绩突出集体

社区荣誉墙

善贤社区50年党龄的老党员胡子源

第六节　"我相信，善贤的未来不是梦"

——记善贤社区党总支书记沈敏芳

70后的沈敏芳，外表温婉清秀，娴淑文静，骨子里却"燃"着特别要强的"火"。她担任上塘街道善贤社区党总支书记、居委会主任的时间不长，屈指算算才一年多，但她从事社区工作实际已有20多个年头了。长期来一直在善贤工作的她，2014年被选派到拱墅区上塘街道绍兴路社区任党委书记。因工作需要，2020年12月善贤社区换届选举，她又"重回故里"挑起了善贤社区党总支书记、居委会主任的担子。她说："我与善贤结缘，这里永远是我'从头越'的起点。"

沈敏芳回"家"后，她用一颗真诚体贴的心，投入到无限的为民服务之中。她带领社区这个"连轴转"的团队，努力实践着"社区党组织对居民有求必应，居民对社区党组织一呼百应"的座右铭，始终如一地坚持以"人的城市化"为重点，通过党建引领村改居社区规范化治理，念好"和家、美家、爱家、恋家、荣家、兴家"六家诀。她带领社区建立起"家园131"工作模式，即以"党建引领构建社区大家庭"为核心理念，以"民主治家、智慧管家、文化润家"为聚心法宝，以打造"村改居社区城市化转型样板"为初心目标。勇毅笃行，奋发图强，她带领社区人员以辛勤耕耘换取收获，努力让每一位善贤人都能过上有品质的"家生活"。她对社区长者们说："我是善贤走出去的女儿，我对我脚下的这片土地有着很深厚的感情，我愿意为她奋斗不息！"正是这样的信念和情感支撑着她，上任后，她从胡忠华书记手中接过了接力棒，将他的精神与经验，结合创新理念传承运用到自己的工作中，精准发力，将功夫下在做好"转变、整合、特色、满意"四篇文章上，不断推进社区文化家园建设，努力开创社区治理新格局。在她的带领下，善贤社区被评为"杭州市先进基层党组织"。

做转变文章，让居民骄傲起来

沈敏芳是土生土长的善贤人，"乡愁""乡思"在她的心目中是一个解不开的结。因此，当"善贤人家"矗立在她的面前时，"家园"理念便升华成一片炽热的情感，她将这片情感通过自己和社工们的服务传递到社区的每一户家庭、每一位善贤人心坎上。

她坚持做到"民有所呼，我必有应"，这是社区工作的基本原则。社区工作千头万绪，"小巷总理"事务缠身，工作再忙、事情再多，可沈敏芳总要腾出时间，带领社区一班人到小区里看一看、去居民家庭中走一走、向居民群众问一问。沈敏芳注重吸纳不同层次、不同年龄、不同观点的居民对社区建设的意见建议和需求，她将之称为接受"头脑风暴洗礼"行动，以此进一步认清"家"的概念，体味"家"的感受，营造"家"的氛围。

据不完全统计，近年来，沈敏芳带领社区党员干部走访居民家庭3000多户，解决各种矛盾问题和满足各种服务需求1000余件。为了推进社区民主自治，她带领社区人员创新组建了以党总支为核心，"家委会"为主体，居委会、物业公司、共建单位、社会组织为延伸的议事决策联盟，即"1+1+N"自治大联盟，通过依靠"大家庭"的合力，找到

$\dfrac{1}{2}$
$\dfrac{}{3}$

1. 坚守抗疫一线，守好家园大门
2. 沈敏芳（右一）积极参与便民服务活动
3. 疫情防控中，沈敏芳巡查店铺防控工作

了解决民意的"最大公约数"。几年来，善贤作为城中村改造社区，啃下了许多连城市社区都颇感棘手的硬骨头问题，实现了"善贤人家"零保笼雨篷、零乱搭乱建、零毁绿种菜的"三零"，至于人车分流、垃圾分类等，其管理品质完全可与商品房媲美。许多居民骄傲地说："选择善贤人家，就是选择了幸福生活。"

做整合文章，让社区和睦同心

沈敏芳带领社区一班人围绕文化家园建设需要，立足现有，优化提升，有效挖潜、用好资源，形成了一种新思路，即着力在"点面布局、要素配置、资源整合、队伍建设、作用发挥"上探索一条新路子。在文化家园建设中，她始终相信"一人走百步，不如百人走一步"的道理，她率先示范，周边的人跟上，同时广泛发动居民群众当志愿者。在她这位被居民们笑谈为"常务"志愿者先走一步的引领下，社区组成了5支以社区党员为骨干，百余居民参与的"真能干""贴心聊""看得牢""气质好""手挽手"的党群志愿服务队，他们常年活跃在社区服务、民情联系、安全巡防、文化健身、尊老爱幼、区域共建等领域，大家齐心协力，不断补齐短板。凡遇到急事难事时，大家总是抢着干，真正成为社区治理中的一支先锋力量。日积月累，厚积沉淀，善贤社区形成了一种"事有人管、难有人帮、苦有人问、喜有人贺"的和睦同心的局面。

文化既是一种历史积淀，又是一颗愉悦群众的开心果，更是一种凝聚力和精神力量。善贤社区建成五星级文化家园，众口一词："是沈书记当作一件大事来抓的结果。"善贤社区现有9支文化社团，沈敏芳对每一支社团、每一位成员都了然于心，并尽最大可能让这些文化团队走出去展示风采。2021年，她还牵头组织开展以"我爱善贤我的家"为名的社区社团文化节，她请人为每支社团设计了有个性的宣传海报。文化节上，她亲自上台向居民"直播"这些文化社团的特长，让越来越多的人了解和喜欢上各类文化社团，同时又让每位成员增强了归属感和自豪感。

做特色文章，让服务"精准见效"

多年来，善贤社区积极探索"家园131"党建引领社区治理模式。在沈敏芳"创新要强"的心灵中，她始终认为社区治理就应该排在第一方阵中。何谓"第一"？她的理念是"秉承唯一，才是第一"。因此，她极力在打造特色品牌上下"绣花功夫"。社区统筹整合党建共建、群团组织力量和各部门资源，全面实行"社区党组织吹哨、党员报到，群团组织集合"。为了有效解决社区"看得见""管不住"和职能部门"管得着""看不见"的问题，社区成立了红色"乡贤智囊团"，并依托"自治大联盟"等民主议事平台，加强社区、物业、业委会、社会组织、共建单位的人才联动，推进群众关心的"微项目"认领落地。社区坚持每年至少办好一件群众关注度较高的实事。

疫情防控进入常态化后，善贤社区所在地紧邻地铁口，周边市场、酒店、建设工地不少，人员流动性大，外来人口多，管理难度复杂，加上社区工作本身任务繁重，人员有限，时间紧迫，这些对沈敏芳来说，无疑是严峻考验。但她意志坚定，团结同志，群策群力，依托"社区微脑"，构建起"人、车、物、事"的"社情云端"。社区实现对小区800余居民、450余辆车辆、2000多承租人员信息的全部精确掌握，这为精准服务居民提供了数据、素材支撑。沈敏芳带领工作人员依托社区

沈敏芳上门看望社区老人

沈敏芳（最靠近镜头者）在端
午节与居民们一起包粽子

开发的专门用于信息采集的应用小程序"数果果"开展防范疫情工作，此举既减轻了社区工作人员的工作量，又确保基层防疫数据采集的高效和准确，更让工作人员减少了接触感染风险。通过微脑数据协同，善贤社区成功构建了以基层党组织为领导，在职党员、物业管理、志愿者和居民骨干力量等参与的协作治理新格局，真正做到了在阻击战"疫"最前沿建立起坚强的战斗堡垒。

做满意文章，让未来更美好

长期以来，沈敏芳积累了丰富的社区工作经验，特别是走上善贤社区"一把手"岗位后，她对文化家园建设"情有独钟"，她将"平台为居民搭建，载体让居民共享，结果由居民评判"的"家文化"理念贯穿于重头工作之中，千方百计盘活各类文化资源。她依托社区党群服务中心、社区书苑、阳光小伢儿、阳光老人家等服务阵地，动脑筋、花心思挖掘辖区内的优秀党员、乡贤尊长、高知分子和热心居民等人力资源，培育了一批本土化的群团组织，引导激发居民群众参与到社区服务中来。同时，她带领社区工作人员优化提升"善"文化社团品牌。例如每年腊月初八，善贤社区"阳光老人家"都会为辖区居民熬制腊八粥，这时，沈敏芳以一名志愿者的身份，为老人们送上一碗热气腾腾的腊八粥。在她的关心和操办下，社区举办了元宵节煮汤圆、清明节裹青团、端午节包粽子、中秋节做月饼等聚人心的活动，她认为社区就是她的家，这些都是她这个"当家长"的本分，家和才能万事兴。

此外，沈敏芳还结合"社团艺术节""社区邻居节""社团主题月"等活动，鼓励引导居民群众创办文化公益团队、积极参加各类文化活动。家园"育"文化、政府"送"文化与居民"享"文化串联了起来，社区居民共享文化家园耕耘带来的新成果。

社会治理的重心在基层，难点也在基层。采访沈敏芳时，笔者不免会向善贤社区"当家人"提出一个未来打算的问题。她回答道："我来自基层，群众的事情我最清楚，也最有发言权。因此，在工作中我始终谨记'不忘初心、牢记使命'这八个大字。今天，善贤社区虽然有变化，但与群众希望、与各级组织要求，离神形兼美的未来社区，仍有很大距离。我相信，善贤的未来不是梦，然而美好的未来不是等来的，而要干出来！"

"美好的未来不是等来的，而要干出来！"沈敏芳清醒坚定的语气，一直在我脑海中回旋。

第七节 在"村改居"城市化转型路上跨越

——记善贤股份经济合作社支部书记、董事长、社区原党总支书记胡忠华

在杭城上塘河畔的拱墅区段，坐落着一个以"善地，贤者居"之意命名的善贤村。1999年，该地撤村建居改为善贤社区。土生土长的本地人胡忠华，时任善贤社区党总支副书记。"这里的水土养育了我，我有义务为家乡的发展'添砖加瓦'。"他既是善贤"村改居"发展全过程的见证者、参与者、建设者，也是一位领导者。

因为这是我们共同的家

2009年，善贤搭上了拱墅区"村改居"社区整村拆迁发展的快车，开启了"村改居"历程。2010年换届中，胡忠华被选为社区党总支书记。从副书记到书记，上任伊始，他面临的第一大考验，就是居民最关注，也是最担心的头号问题：整村拆迁，居民要彻底搬离生活了一辈子甚至几辈子的居住地，未来的新家怎么样？居住还好吗？为了让居民们放心，在胡忠华书记带领下，党总支选派了3位具有土木专业背景的党员担任社区安置房质量监督者，他们全程参与图纸设计、主体建设、交付验收等环节的把关工作，确保新建住房从破土奠基到交房使用全过程的质量，让善贤全体居民吃下"定心丸"。

2014年，善贤社区完成整村回迁，原254户住户全部搬入新居。农宅变成了十几层高楼，农家环境变成了城市社区面貌，一个崭新的问题又开始在胡忠华头脑中盘旋："如何让原来的村民尽快适应城市居民生活，使社区工作、小区管理走向城市化？"

从零散的农宅搬入集约的高层住宅，胡忠华考虑最多的是：如果撤村建居小区没有一套既严格又人性化的制度管理，弄不好就会出现公用场地乱堆乱放、楼道积物、车辆乱停、毁绿种菜、雨篷保笼随心搭建等不良现象。

"善贤社区决不允许出现这种现象！"这是胡忠华铁定的誓言。于是，他带着党总支成员走访了解了周边多个社区，取得一条好经验，就是"要把小区治理好，就要让全体居民参与进来，只有居民把小区当成自己的家，才会爱护这个家园"。社区党总支迅速决定，首先由社区党员带头示范，从自己做起，向群众宣传、劝导群众、帮助群众，营造"呵护我们家园"的共同意识。由于居民的纯朴，加上党员的威信，党总支的决定很快得到落实，社区形成了一种"因为这是我们共同的家"的良好氛围。接着，社区对原有粗放的垃圾分类工作进行了改进，要求居民定点定时投放，实现"垃圾不落地"。在这过程中，共有66名党员担任起志愿者任务，不管刮风下雨都坚持现场值守，一守就是5个月。看到党员干部们的这股子认真劲，不少居民从刚开始的"抱怨"变成了"理解"，也纷纷加入志愿者队伍，几乎每家都有志愿者。如此这般，何愁垃圾分类搞不好？

民主自治方能建好家园

居民的家，要由居民自己做主，那么就一定要做到"民主"。胡忠华认为，居民回迁，小区取什么名是一件大事，树立社区民主意识，何不从小区取名开始？经过发动、讨论、征集，最终民主推荐的"善贤人家"成了新家园的标签。

在民主管理模式下，社区成了"大管家"，居民有说话权，有什么想法可以跟大家一起讨论，广开言路让居民"热起来"。社区党总支、居委会依托自治大联盟，对社区建设中的重大事项广泛征求群众意见，集思广益，确保决策科学化、透明化、民主化，尊重民意让居民"动起

胡忠华（左一）与社区50年党龄的老党员合影

来"。社区充分发挥党组织"领头羊"作用，把适合自治自理的一些事务，以集体的力量变为解决的力量，群策群力让居民"管起来"。社区坚持以党建为领引，自治大联盟为驱动，树立"善贤人家"的家园观念，变"社区管"为"大家管"。遇到可能引发争议的事项，社区党总支都会事先征询党员代表、居民代表、流动人员代表及其他社区组织意见，并先在党员中统一思想，形成党内民主集中下的社区民主自治。这其中，胡忠华坦诚、亲民、执着、果断，大事讲原则，小事讲风格，全心扑在为民办实事好事上，带领社区党员、社工发扬"团结拼搏、争创一流"的精神，得到了居民群众的信赖，赢得了"和谐社区""特色社区"等多项荣誉。

让每一位居民们都安心舒心

当善贤社区"城中村改造"全面启动后，辖区老人的养老问题一度成了胡忠华心中最牵挂的事。为切实解决被拆迁老人的后顾之忧，让他们真正享受到"老有所养、老有所医、老有所乐"的放心生活，善贤社区经过多次可行性分析，保留了部分居民安置房，经过改造建立起具备生活照料、医疗护理、举办文化活动、开展老年教育等基本养老服务功能的"养老服务站"。投入使用后，还配备了10余人组成的公益性团队，为老人提供全方位的保姆式服务，这一举措同时也帮助下岗失业人员走出困境，解决了他们的再就业问题。灵活的头脑加上敢为人先的冲劲，胡忠华的这种先行，走出了一条适合城乡社区居家养老的"上塘模式"。

"安全有了保障，但还要让生活在这里的居民无后顾之忧，提增他们的获得感、幸福感。"这是胡忠华经常对班子成员说的一句话。

胡忠华经常走访慰问辖区老年人

胡忠华与志愿者交谈工作

善贤老一辈人都知晓，"善贤"这个名字能沿用至今，正是因为一代代子孙对家文化的认同。胡忠华认为，乡愁不能忘，传承不能丢，于是他在善贤家园广播"文化的种子"。

"善贤书苑"开设出来了，一放学，孩子们就往书苑跑，这里不仅可以阅读、练字、学国学，还可以参加植物绘画、昆虫旅馆、环保酵素等公益课程，孩子们在家门口就可以享受快乐的童年；"开心农场"建起来了，播种、搭棚、收获等环节，孩子们都可以全程参与；"阳光老人家"开起来了，老人们脸上少有的笑容回来了……不管平日里工作多忙，胡忠华总会抽出点时间去书苑看一看、往农场走一走、到老人家坐一坐，孩子们和老人们见到这位知冷暖的好书记，都会争相上前打个招呼握个手。这是胡忠华眼里的社区和谐景致，更是要传承的"家园文化"。

胡忠华不仅自己做，还经常对年轻的社区干部坦言："一个人的力量做不好社区工作，只有大家齐心协力才能把社区这个大家庭的工作做好，让居民们安心舒心！"

用"智慧"推进社区治理

善贤社区回迁后，如何为社区居民提供一个安全、舒适、便利的现代化、智慧化生活环境，是摆在社区面前的一项考验。胡忠华与社区一班人都认为务必抓住城中村改造的契机，积极探索创新现代社区管理体系，将先进的数字化科技手段引入社区管理，以打造"智慧社区"服务平台，更好地为居民提供生活便利。

他山之石，可以攻玉。胡忠华考虑到日后物业管理将是社区建设服务工作的重中之重，以及为了让回迁的居民都能过上城里人的品质生活，他预见性地选派了2位年轻党员骨干到兄弟社区学习取经，为的是让物业公司与社区居委会互相配合、互相协作、互相支持、互为补充，以达到资源共享、利益共赢，形成一个统一、协调、高效、有序的网络管理运行体系，服务居民，造福居民。

在社区治理上，胡忠华运用现代信息数字技术，在线上筹建了以"数果果"为名的智慧管理平台，对线下实行网格化管理。善贤社区开发了"善贤e家人"智能卡，一卡在手，可用于门禁、停车、安防、垃圾分类、电瓶车充电、监测老人小孩安全等多项智慧管理，使"小事不出网格、大事不出社区"变为实实在在的功能。近年来，善贤社区依靠科技力量，"数果果"也越来越聪明，成为居民共用共享的平台，即"社区微脑"。例如，出租房客只需手机登录系统，就可以迅速完成报事报修等事项，根本不用房东再跑现场了；又如，社工倘若48小时没见到高龄老人的面，平台会立即预警并通知社工及时查询并上门服务……现在"社区微脑"后台信息准确率已达到97%，精准有效服务居民不再是一句空话。

俗话说得好，"领导班子强，屋脊一根梁"。在胡忠华书记带领下，善贤社区成了一个充满活力和凝聚力的团队，而他本人则展示了能想事、能干事、能干成事的优秀社区党员干部的形象。2020年12月，因善贤社区与善贤经合社分离，胡忠华任善贤股份经济合作社支部书记、董事长，不再担任社区书记一职。但他心目中始终只有一个目标："不管在哪个岗位，要继续为善贤奉献，但愿善贤越变越美好，居民越来越幸福！"

共建单位杭州灯饰博览中心夜景

第三章　和合善贤

　　善贤社区党总支十分重视抓"四治"建设：以"自治"构建社区治理新格局，"法治"迈开社区治理新步伐，"德治"引领精神文明新风尚，"智治"架起社区治理新支撑。通过"四治"，不断推进社区治理转型升级。

　　作为拱墅区最早一批开展城中村改造的社区，在满足了居民居住环境高质量的目标后，善贤社区党组织把心操在了文化家园建设上。社区形成了由党总支牵头，社区文体团队、志愿者团队、社会组织和辖区单位等为成员的理事会。这支队伍成为社区文化家园健康运行的保障力量。"一社一品"的党群志愿服务队、"六善六贤"的家园情怀、创办"开心农场"、推行善贤"e家人"、"小喇叭"广播站的开播，以及善贤居民抒写的诗作等：本章中这些内容实在、创新出彩的记述，展现了善贤家园"亲亲共融，和合善贤"的新面目、新风采。

第一节 "四治"推进社区治理转型升级

社区是社会的细胞，是社会治理的基本单元和最后一公里。因此，社会治理重点在社区，难点也在社区。善贤社区的"当家人"深谙，社区的事理应由社区居民商量着办，协商精神是推动社区治理创新发展的前提，通过协商既能把握社区治理主动权，又能激发居民主人翁的内生活力，从而不断提升居民群众的信任感和满意度。

近年来，善贤社区党总支坚持党建聚力赋能社区治理，着力完善社区治理结构，加强组织建设，凝聚各方力量，协调资源共享，推动多元主体发力，解决农转居社区存在的既有共性又有个性的困难和问题。社区以问题为导向，建立和形成社区服务体系，提升社会服务能力，以满足居民多层次、多样化的服务需求。为了加大培育家园意识力度，体现共同体精神，改善邻里之间因缺乏沟通而相互陌生的情感状态，社区通过社区文化家园建设的众乐乐，营造了和谐温馨的社区氛围，巩固了党在城市基层的执政基础。

"自治"，构建社区治理新格局

社区自治的基础是社区居民形成集体选择，其出发点是体现居民的意愿，这是推动善贤社区治理创新能力的驱动力。善贤社区自治主要体现在三个方面：

一是制定社区公约。公约制定过程中，社区广泛发动居民全员参与，收集到各类"村规民约"30余条，通过逐户走访征求意见，形成

小区的法制小景

了"接地气"的《善贤社区公约》。邻里守望，向善向贤。二是建立自治大联盟。社区组建了以社区党总支班子成员为核心，社区居委会班子成员为骨干，社区党员、志愿者、社会组织等为延伸的议事大联盟，制定出"重大事项必须议、紧急事项立即议、一般事项尽快议"的三议规则，推出10余项"民生微实事"，并通过居民提议与投票方式落实在执行中。三是培育民主氛围。社区严格按照换届条例，严格遵守法律法规，营造了风清气正的换届环境，从而保持了各项工作的连续性。

"法治"，迈开社区治理新步伐

在加强社区法治建设上，社区着重从抓宣传载体、法治基地与法治队伍等方面入手，使法治工作牢牢地扎根基层。一是丰富宣传载体，开展普法宣传。通过法治宣传栏、"杭州善贤e家人"微信公众号、之江法云微信群、LED显示屏等载体，向居民开展常态化的普法宣传。二是建

善贤社区举办共商议事活动

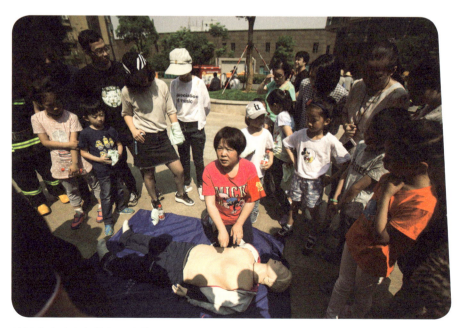

社区举办消防急救知识演练

立法治基地，开展各项法治活动。依托善贤书苑，打造喜马拉雅法治听书室，建立法治图书角，设立普法学堂，广泛开展法治思想、民法典、宪法、反诈骗等主题普法宣传活动，在社区营造浓厚的法治氛围。三是健全法治队伍，筑牢法治根基。通过社区法律顾问、法治带头人、法律明白人，以及"网格员+调解员"融合发挥机制，激发群众参与基层法治建设的积极性。

与此同时，社区不仅动员辖区范围内的专业法律人士组建法律援助指导员队伍，还加强矛盾纠纷多元化解机制建设，多项举措促进社区不断向善治转变。

"德治"，引领精神文明新风尚

抓德治建设，是善贤社区精神文明建设中的重要一环。思想领先，德治为重，善贤社区的德治建设从建设星级文化家园，挖掘深厚的文化底蕴开始。譬如社区开展好党员、好媳妇、好模范、好少年等"四好"群体评选，让方方面面的善贤人都有自己的学习榜样。同时，广泛发动群众寻找身边的好人好事好传统。社区每年开展一次评选"善贤之星"活动，将邻里们公认的典型人物推选出来，将他们的优秀事迹与照片公开上墙，荣誉一人，光荣全家。

为了让善贤居民记住乡愁，社区抓住城中村改造契机，将原先善贤村善贤坝房遗址，改建成善贤居民艺术馆。为了保留善贤村的历史印记与根脉，社区还从原村民中征集善贤村历史资料和老物件、老照片等。讲好善贤故事，传承善贤遗风，这是社区德治的厚重财富。社区还集中多方力量，编撰出版《善贤志》，书中详细记载善贤村由村改居、城中村改造这一破茧蝶变的"复兴家谱"，以此涵养乡愁民风，启迪居民不忘我们的来龙去脉。

"智治"，架起社区治理新支撑

叮，手机的一声震动提醒了善贤社区居民沈阿姨，她的儿子已经刷过门禁卡进入小区，安全到家。郭阿姨每天买菜回来，都是"刷脸"进小区的，如果有时要给电动车充电，靠的也是"一卡通"。此外，报事报修、"一老一小"遇事预警、二维码出入……都是"一卡通"。"我们小区都是智慧化管理，住在这里很方便、很有安心感。"郭阿姨竖起了大拇指向外来人员夸耀。

善贤社区"智慧大脑"发达，作用极大。基于本市数字之城特色，社区率先引入"智治"赋能社区治理，并将之做成为一项走在全市前列的特色工作。近年来，社区通过线上线下双网融合实施社区治理，取得了明显成效。线上以"数字化"为牵引，依托"社区微脑""网格果果""居民果果"等载体，实现数据的标准化采集和处理，将大数据、区块链等信息技术融入矛盾纠纷化解全过程，以线上治理模式推动实现矛盾纠纷最大限度化解在网格。线下建立法律援助服务志愿者队伍。线上与线下、定时与即时相结合的服务机制，能够及时回应居民诉求，让居民群众足不出户就能享受优质便捷的法律服务。又如在疫情防控中，借助"智治"，外来人员从哪里来、做什么、住哪里等情况一目了然，而"一卡通"与杭州健康码数据互通，一刷即可快速显示。通过双网融合，智慧治理，善贤已基本实现小事不出网格、大事不出社区，各类刑事案件"零发案"的新态势。

善贤社区的"四治"，推进着社区治理不断转型升级，给善贤家园更美好的明天赋能添力。

第二节　党员志愿服务队的风采

一名党员一面旗，一个支部一堡垒。多年来，善贤社区党总支经常组织党员们深入居民家，做大家的贴心人、解难人，把党和政府的关怀送到居民心坎上。

善贤社区现有五支党群志愿服务队，人数超百人，分别被命名为

社区党员志愿者们踏看巡查地铁工地

党员开展志愿服务活动

"真能干"建设队、"贴心聊"信息队、"看得牢"巡逻队、"气质好"文化队、"手挽手"共建队。日常生活中，常常能看到这五支队伍服务的身影，在他们的示范带动下，社区居民也都向善向贤，使"善贤"两字的本义演绎得名副其实。

交通路口的"红马甲"

"请不要闯红灯。""请走人行横道。""骑电动车，请佩戴头盔。"在善贤社区辖区的几条重点路段，经常能看到一群身穿红马甲、手拿小红旗的志愿者在礼貌地开展文明交通服务活动，他们是由第二网格支部书记赵碧璐带领的志愿者队伍。这支由大伯大妈组成的志愿者队伍，每天上午7点到9点、下午4点半到傍晚6点半在辖区交通主干道路口上岗，进行文明劝导和行路指引，还负责维护行人和非机动车的交通秩序工作。

在每天的站岗服务中，志愿者们个个恪守职责，无论是三九严寒还是三伏盛夏，他们始终坚守岗位，耐心地对随意横穿马路、闯红灯、不戴头盔等人群进行劝导，并向过往行人提供交通指引和咨询服务。他们用自己"晚霞的余晖"照亮路人前行的路，为大家提供安全出行的便利，彰显出志愿者精神的本色。每当一班岗下来，上了年纪的志愿者们难免有点腰酸背痛，但他们说："当看到善贤地段那些繁忙的主干道路口，秩序井然，安全通畅，大家都觉得这种辛苦是值得的。"

抗台中的"党员突击队"

2021年7月，第6号台风"烟花"挟风裹雨袭来，一场抗台防汛的战斗打响了。善贤社区党总支于第一时间组织了党员抗台突击队和党员抢险队2支特殊的队伍，15名党员冲锋在抗台第一线，或巡查险情，或排除积水，或安置工友……基层党组织的战斗堡垒作用和党员先锋模范作用，在迎难而上、知难而进中得到体现。

7月24日下午2时，党员突击队成员沈敏芳、陆屹华在防台巡查中发现沈半路3号地铁施工工地因地势低洼，积水深度达到10余厘米。眼看风大雨急，情况十分紧急。沈敏芳一方面立即联系物业、中铁二局领导层；另一方面组织党员抢险队带上抽水泵、切割机等工具火速集结就位，社区人员配合中铁二局工人一起对积水点进行紧急疏通。抢险队员的雨衣被风吹得呼呼作响，仍然撕扯着喉咙提醒过往人流、车辆绕行。

10分钟过去了，30分钟过去了……周边过路的群众着急了，他们担心的不是多长时间能排干积水，而是作业队员们的安全。然而，抢险队员们根本顾不上这些，这处积水排得差不多了，又匆忙赶赴下一个积

社区党员集体照

水点。

在这次抗台防汛中，社区党员突击队共排查隐患点近10处，准备应急沙袋150件，草包50件，开放避灾安置点1200平方米，此外，还帮助安置中铁二局、三局、四局、杭二建工友400余人。鲜红的党旗在抗台防汛第一线高高飘扬。

"八小时外"的守护人

"麻烦您出示一下绿码、量一下体温，谢谢配合！"面对突如其来的新冠疫情，"善贤人家"小区门口出现了一位穿着红马甲、不常见到的高个男子，他手握体温枪忙前忙后地停不下来，额头上冒出了一滴滴汗珠。他就是共产党员周国强。

周国强平时很少有空闲时间，早几天他在小区碰到社区副主任陆屹华，便一把抓住副主任的胳膊问道："我这周周六休息，可以来社区做志愿者吗？"原来周国强平时看到社工们为守护家园，一直辛苦地奋战在一线，自己作为一名善贤人，他希望在"战疫"中也尽点自己的微薄之力。就这样，我们看到了前面叙述的一幕。

周国强仅仅是小区党员中的一位代表，"战疫"和防控以来，像他这样的党员，在善贤社区还有很多，他们在"八小时外"，放弃自由活动时间，赶到社区继续上岗，他们奋战在疫情防控第一线和走家串户的服务中，用满腔热忱和无私奉献的精神，在群众中树立起"一名党员一面旗"的光辉形象。

第三节　"六善六贤"家园情怀

古老而旖旎的上塘河，孕育着两岸一代又一代勤劳而善良的人民。依水而建、因河而兴的善贤社区，自2017年建起了社区文化家园后，为了将其办成满足居民阅读体验、文化交流、娱乐健身等多方面需求的文化综合体，社区坚持以"倡六善行为，做六贤之人"为核心精神，在推进社区文化家园建设上迈出了坚实可喜的一步，既涵养了群众精神文明，也提升了社区整体形象。

集思广益建设文化家园

善贤社区党总支十分重视社区文化家园建设，两委班子组建了文化家园理事会，由社区书记担任文化家园理事长，社区主任、社区副书记分任副理事长，他们力求于管理服务做到精细化、规范化、常态化。确定了带头人后，社区同时配备了足够的社区志愿者、文化人士等，他们承担起了社区文化家园志愿管理员责任。社区形成了由社区党总支牵头，社区文体团队、志愿者团队、社会组织和辖区单位等为成员的理事会，为社区文化家园健康运营提供了相对固定的组织和队伍保障。此外，社区还不断完善文化家园的管理运行机制。

社区在制订文化家园活动方案时，鼓励党员、居民为建设具有善贤特色、满足居民各类文化需求的"我的家园"献计献策，并通过召开党员座谈会、上门走访、问卷调查以及社区公众号、微信群等形式，向居民广泛征求文化家园建设的意见建议。为了让文化家园的影响力和参与率能覆盖到整个辖区，社区还主动深入共建单位，吸纳他们对办好社区文化家园的意见，让共建单位从旁观者变为参与者，使歧见变为共识，共识变为合力。社区文化家园建设不单单是小区的事，而是全辖区大家的事。

构筑文化家园"三三制"

何谓文化家园建设的"三三制"？简要概括，就是"三个空间，三大场所，三支队伍"。

2017年，善贤社区首先完成了文化家园基础建设，其中包括"悦"览空间、文艺空间、健身空间三个空间，社区讲堂、展陈厅、舆情工作室三个场所，讲师队伍、志愿者队伍、孝星服务队三支队伍。

文化家园的"三三制"，不同的部分各有空间，既独立又相互包容，既各有所长又融为一体，善贤文化家园成为一个不可分割的整体。社区充分发挥各个空间的作用，突出文化家园的整体成效。例如在社区书苑内，开设国学班、烘焙课堂、书法课堂、手工制作课程等。同时，社区寻找合适的第三方社会组织引进到书苑中来，通过专业的管理，精心的策划，实现书苑的各类服务常态化，如书苑小课堂已开展各类活动百余次，居民反响热烈，群众参与度高。又如在健身空间中，逐步添置了乒乓球桌，跑步机等健身器材，室外露天篮球场及羽毛球场常年开放……充分发挥各空间的功能，让文体活动开展起来，使居民在文化家园中行乐受益。

有了场地和平台，谁来唱主角？这也是社区文化家园建设中需要解决的问题。于是，善贤社区三支志愿服务队伍应运而生。社区整合资源，充分利用现有阵地，打造了居民互动、交流平台，也成功解决了

善贤社区居民艺术馆　　　　　　　　　为爱而照　家园情怀

社区包车送老人接种疫苗

善贤社区和合微谈工作室

"谁来唱主角"的问题。一是成立社区书苑志愿者讲师队伍。成员由各有关职能部门政策宣讲员、社区党员、道德模范（最美人物）、社会贤达等组成，分为市民讲师、文化名人讲师两支队伍，常态化开展各类培训讲座。二是成立"邻里守望"志愿者队伍。由社区党员、居民组成，根据服务功能分为邻里互助、平安巡逻、文艺活动、社区建设、社企共建等小组。居民群众可根据自身需求及爱好选择不同的志愿队伍，满足自我服务需求。三是成立养老服务志愿者队伍。社区组建"叫得应"孝星服务队，由社区党员、社区医生、邻里居民等为主要成员，他们持续参与家庭访视、生活照料等社区居家养老公益性服务，让社区的老年群体感受到家门口的关怀和温暖。随着文化家园的推进，社区又不断充实志愿者队伍，并逐步形成常态化。

与此同时，社区文化家园还引进社会组织开展国学文化普及、诗歌文化教育、区域文化研究等活动。如拱墅区诗青年公益发展中心面向社区中小学生，每周开展文化课程，其中包括儿童诗歌审美和写作、中华国学基础入门、中小学生作文写作、中华经典文学欣赏、诗歌写作、经典诵读等，让青少年接受中华悠久历史文化的熏陶。活动深受孩子们和家长们的好评。

打造"亲亲共融，和合善贤"品牌

为了传承善贤农耕文化，社区开辟了一个600多平方米的"开心农场"，让青少年通过农耕文化的体验，传承善贤老祖宗的民俗，记住乡愁。为了树立新时代善贤自己的"最美"标杆，社区通过整合提炼"家谱"记载的深厚文化底蕴、历史遗存、风土人情、历史转型等内容，打造了"亲亲共融，和合善贤"的品牌。社区坚持以"倡六善行为，做六贤之人"为核心精神，创新活动内容，开展最美人物、社区之星评选活动，让大家评选出身边居民中最具代表性的"善""贤"之人，确立面对面的标杆，树立学习风向标。此外，还通过社区之星上墙、事迹张贴在宣传橱窗等方式进行广泛宣传，让"善""贤"之人在居民中产生榜样效应。社区还开展"好家风、好家训"主题教育活动等，倡导向善、向贤、向上的时代新风。

文化化人，春风化雨，润物细无声。作为拱墅区最早一批开始城中村改造的社区，善贤社区在满足了居民群众居住环境高质量的目标后，随之，文化家园建设的浓浓文化氛围极大地丰富了"善贤人家"的精神生活，使他们对美好生活的向往有了着落的基础。

第四节 "开心农场"真开心

金秋时节，随着杭州市市花桂花的香气阵阵袭来时，善贤农场的番薯已经成熟可收获啦！这是在善贤社区"开心农场"看到的实景一幕。

善贤社区是从善贤村的"城中村改造"而来，长久以来村落的乡情、乡约、乡愁、乡魂等，如同一片散不了的祥云，常常在居民心头飘荡。回迁后，一方面为了传承善贤农耕文化，另一方面为了化解"毁绿种菜"难题，善贤社区从社情和管理角度出发，变"堵"为"疏"，利用地头边角，开辟了一个600多平方米的"开心农场"。社区还通过"小手拉大手"强化居民环保意识，有效杜绝随意乱种的现象，并让社区青少年学习传承老一辈农耕文化，来这里做一回"小农夫"。

"开心农场"并不是孩子们纯粹的"寻开心"之地，社区为了提高大家的种植技能，还特别邀请了农业种植专家前来指导。社区通过宣传农耕文化、普及农耕知识、开展农耕种植体验活动的形式，提升了"开心农场"的存在价值，使它成为文化家园建设中的一项特色与亮点。每年，孩子们和他们的家长都会满怀喜悦地将"开心农场"的劳动成果免费赠送给社区高龄老人，让他们体味乡愁，分享农耕的成果。善贤之善、之贤一脉相承。

8岁的小晨晨，算是"开心农场"的常客了。从农场开场以来，他几乎每次活动都不落下。经过他的手，已收获的果实有四季豆、南瓜、向日葵等。这次收获番薯，他拿着小铲子又蹦蹦跳跳地来了。孩子们先听伯伯指导："挖番薯不要以为很简单，要挖好，不能破相，又要挖干

开心农场

孩子和家长们在挖番薯

开心农场的收获季

志愿者美化开心农场
环境

净，就要学会方式方法。"听了伯伯的话，小晨晨记住了，他与小伙伴们拿着小铲子，先浅浅地将土扒开，然后由浅入深，刨开周边泥土，需要用点力气与技巧，才能把番薯完整地挖出来。好家伙，不一会儿工夫，在家长和志愿者们的协助下，小晨晨就挖出了3个大番薯。他问身旁的家长："这就是前几个月，我们亲手种下的小秧苗吗？如今长成这么大的番薯，真是奇怪！"大家共享这份劳动果实，孩子和家长们甭提有多开心了！

秋天是充满诗意的季节，在农场收获劳动成果后，诗青年公益发展中心的志愿者还带领孩子们诵读秋收诗词，意在让孩子们懂得"春种一粒粟，秋收万颗子""耕读传家久，诗书继世长"的耕读传家意义，以此追忆善贤依依的乡愁。

善贤社区的"开心农场"，已经成为社区青少年开展农业活动的科普学习基地，受到孩子、家长、老人和社会的共同称赞。善贤社区认为："开心农场"开展的农业种植活动，既可以培养孩子的劳动技能和观察能力，也可以让他们在动手劳作中体验农民的辛苦，这一活动有利于培养他们热爱家园、热爱劳动、爱惜劳动成果和珍惜土地的乡土情怀。"开心农场"真开心，这600多平方米，早已超出了这块场地原有的意义。

丰收的喜悦

第五节　"小喇叭"开播家园"好声音"

"邓老师，七月一日是建党节，中国共产党是在这一天正式成立的吗？从成立到现在，已经有多少年了？"傍晚6点，小区悠扬的喇叭声犹如上塘河碧水荡漾在"善贤人家"的每个角落。这时，在善贤社区善贤书苑内的"善言广播站"里，一双双渴求知识的小眼睛紧盯着老师，一串串问题像泉水般涌出，孩子们正与老师"一问一答"，表达自己对中国共产党的崇敬与感恩之情。

这个由社区依托"善贤朗读社"开设的"善言广播站"，被孩子们喜称为"小喇叭"，是在2021年庆祝建党100周年推出的红色主题系列活动之一。广播站邀请专业老师与青少年及居民群众互动，每月定时广播，讲述有关党章、党旗和党徽的故事，并通过"建党百年，我想对你说""我的入党故事""那些最美逆行者"等红色专题，让大家深入了解中国共产党的光辉历程。

此外，辖区党员代表也走进广播站，以朗读与问答形式，结合亲身经历，讲述自己在党的教育培养下的成长史。一件件感人的事迹，一个个动人的故事，一句句真挚的话语，引导"善贤人家"的居民永远听党话、跟党走，进一步传承伟大的建党精神，不断增进对党的情怀，为构建"亲亲共融，和合善贤"作出自己的贡献。

善言广播站的核心理念是创新社区服务方式，建立更加"善贤"的邻里关系。"主播"们从本社区实际出发，认真准备，广泛听取意见，主动了解不同层次的居民感兴趣的事物，发挥了社区广播在文化家园建

$$\frac{1 \quad | \quad 2}{3}$$

1. 社区书记沈敏芳在广播站录制节目
2. 冯小玲在朗诵自己的原创诗歌《母亲河的变迁》
3. "小喇叭"正在播出中

设和社区治理中的积极作用，做到"小喇叭"播出的每一种声音都是"言之有物、言之有理、言之有情、言之有序、言之有礼"的正能量。同时，"小喇叭"还与拱墅区诗青年公益发展中心联手，邀请中心老师带领社区文化团队成员品读美善作品、经典故事，让文学作品里的那份感人深情，通过声音流转起来。

"小喇叭"作为居民身边的一种文化生活，传播"善贤人家"的声音，讲好"善贤人家"的故事，最受社区居民欢迎。根据这一需要，"小喇叭"开设了"我身边的党员"专题。社区青少年以小记者的身份，搜集善贤党员的先进事迹和闪光瞬间，经整理汇编后，孩子们以朗读或访谈的形式予以播出，居民听众往往用欢声笑语加以点赞。

善贤社区每年年底都会开展一场评"星"活动，即在居民或社区中评选最具代表性的"贤""善"之人或团队。他们的先进思想和优秀事迹，则通过创作打油诗等方式，利用"小喇叭"进行推送。在"善贤之星"影响下，居民群众崇善向贤，利他精神得到发扬光大。"小喇叭"的功能还不止这些，各种公益宣传或提醒也会不时在善贤人家的广播中响起，如疫情防控、垃圾分类、文明用餐、交通法规等。

第六节　善贤"e家人"　生活享智能

有一天，家住"善贤人家"的胡阿姨听到厨房里有滴滴答答的漏水声，经过仔细查看，她发现是洗菜池底下的水管坏了。她赶紧打开手机上的"居民果果"向物业反映问题。第二天一早，物业就来电询问，与胡阿姨约好时间，准时赶过来把水管修好了。"居民果果"是"善贤人家"近年推出的"社区微脑"中的一个应用小程序。自2014年开始的社区智慧化管理走过了8个年头，这颗聪慧的"大脑"，已经从最初单纯的管理应用，提升到与居民共享共用的高度。

"智慧管理"从服务老人开启

"善贤人家"是杭州市率先完成整村拆迁的回迁安置房小区。居民入住后，一个全新的社区出现了，搭建社区智慧管理平台也摆上了社区的议事日程。时任社区党总支书记、经合社董事长的胡忠华回忆道："当时居民中不理解的声音也不少，有人觉得自己小区不大、居民不多，靠人管管就行了，何必引进这么先进的新式平台。但社区考虑的是，小区住户中近四成是老人。这些老人几乎是第一次住进高层楼房，有些还是第一次跟子女分开居住，他们或帮着带孙辈，或独自在家，要及时掌握和了解他们的情况，单靠保安、网格员一层楼一层楼地跑，工作量重、压力大不说，还存在着诸多风险。当时我就觉得先进的技术手段是必不可少的。"社区决策已定，于是，善贤社区数智化工作开始启动。

善贤社区智慧系统驾驶舱

　　社区开发的早期数智管理平台主要用于小区门卫，通过门禁卡信息实现两个功能：一个是清楚掌握人员进出小区门、楼道门情况；二是一旦80周岁以上高龄老人超过48小时没出门，系统会自动发出报警，提醒网格员和社区工作人员注意，及时上门走访。

　　网格员和社工使用的后台叫"网格果果"。例如有一天，网格管辖员突然收到一条提醒短信，住在2幢的王阿姨两天没出过门。看到信息后，网格员特别紧张，赶紧跑到王阿姨家，敲开门一看一问，原来是王阿姨感冒身体不适，于是网格员迅速展开帮助安抚了王阿姨。网格员有了"网格果果"这个科技助手，工作起来有条不紊，事情可以按轻重缓急排序，平时巡查中发现的问题也能随时上报。这使得网格员从手工操作时烦琐的书写中解放出来，做事从容了许多。

社区"微脑"与城市"大脑"互通

"社区微脑"的初衷是方便社区管理，但一条条数据积累下来，"社区微脑"成了拥有上千万条信息的智慧管理平台，逐渐变成一个"微脑"，开始派生出一根根"神经"来。近几年来，在"微脑"应用功能上，社区一直在做加法，从一开始只有两个功能到后来根据管理需要，增加了党建管理、老人管理、孕妇管理、租客管理模块等。通过一个个标签，数据得到了分类提取和使用。

"善贤人家"常住居民不多，但住着2000多位租客。突如其来的新冠疫情让社区的排查和监测的任务量猛增。社区通过"微脑"，对住户进行信息分类，让管理变得及时、方便、准确、高效。后来，疫情防控推出了"健康码"，善贤社区闻声而动，马上写了一份申请，主动要求将"善贤人家"的"社区微脑"与杭州健康码数据互通，实现出入码与健康码二合一。这个申请很快得到批准，"社区微脑"实现了与杭州健康码互通。当时，全市不少小区进出通行，还需要同时查看出入证和健康码，而"善贤人家"只要亮出出入码就可以了。

"社区微脑"从管理走向共用，"居民果果"还具备物业报修、向社区报料，以及通知通告、办事指南和党员微心愿等10多项功能。这些通过"居民果果"上传的信息，即刻会在社区、物业、网格员等使用的"网格果果"上显示，并最终沉淀在"微脑"系统里。2020年，"善贤人家"的"社区微脑"上了阿里云，速度和稳定性得到提高。如今"社区微脑"可以有更多应用场景了，不仅管理者能用来管理和提供服务，居民也可以使用它来反映需求和意见，真正使智能深入到了"神经末梢"。

真正尝到了社区"智治"甜头

随着信息科学技术不断发展，人们的生产生活与信息网络息息相关。有一次，居民胡大妈来社区反映楼道有杂物堆积，社区通过微信工作群将问题反馈给了物业，但由于消息刷新太快，物业遗漏了这条信息，因此未能得到及时处理。第二天胡大妈又一次反映，这才联系上物业，解决了这一问题。社区了解情况后分析，若居民、社区、物业三方信息不互通，沟通成本就显得偏高，导致的结果就是问题得不到及时有效的化解。于是，社区组织了社工、物业、居民代表一起座谈研讨，发现了不少管理及服务过程中都存在类似问题。信息不畅通，不仅降低了管理及服务效率，还往往使社区工作人员重复办理，增加了工作负担，这一难题成了提升社区服务和治理的瓶颈。经过查找短板、剖析原因，社区找到了解决难题的有效办法，即线上与线下双管齐下。

线上依托"社区微脑"，社区打造了以党建为核心的基层治理协同新模式，通过"社区微脑"数据共享，整合服务力量，将老人安全预警、相关问题报料及居民微心愿留言等加以整合，实现以基层党组织为领导，居民群众、志愿者、物业、社会组织等多个主体共同参与治理的协同治理新格局。

线下依托"数果果"小程序，社区、物业、居民可以打破壁垒，真正实现联动。例如，社区可以通过智慧平台这个数据"蓄水池"，对小区内的各类数据进行精准化管理。居民可以在小程序上向物业发布服务需求，物业公司则可以整合辖区内的各类资源为居民提供全天候服务。同时，居民可通过建立的网上服务评价机制，对物业工作进行监督。

善贤社区的具体做法总结起来即：一是整合社区数据，建立数据平台，形成标准、有效、鲜活的数据源。二是支持城市大脑及上级数据平台建设，将整理好的基层标准数据依据上级政府及各条线平台需求进行分发，提供实时准确的数据支持。三是社区引入数据分析应用及可视化展示功能，实时掌握社区动态分析及预警，实现精准管理和服务。同时，也最大化发挥资源使用率。

如今，善贤社区的"智慧化"让管理服务有了"驾驶舱"，善贤e家人再一次领跑杭城社区的"数字智治"，社区与居民真正尝到了全市首批社区"智治"试点单位的甜头。

第七节　善贤诗刊

善贤之歌

青年人对于大运河的想象
又一次搁浅在善贤坝的乡愁里
涛声被压缩进岸边的一根芦苇
开出一朵创新经济的花瓣

偶尔飞过的白鹭，已不是当年
货船上的那群流浪少年
它们只是在渲染一种精装修的背景
比如打开一位皇帝的《瑞鹤图》
这群鸟兽姿势优美，但已与飞翔无关

善贤的青年人也许不识水性
但喜欢在互联网的云层里冲浪
早已从上塘河里上岸的年轻人
喜欢网购，用一场直播打开善贤商门
他们的普通话说得流利，不像父辈的
方言里夹杂着浑浊的泥沙

善贤人家的居民楼拔地而起

向天空索要一轮新时代的明月

地铁呼啸而过，呼应着

几千年前运河里货船拍打的潮涛声

善贤坝在黄昏的注视下不动声色

仿佛在倾听上塘河缓慢的抒情

（青年诗人　卢　山）

美丽善贤我的家

美丽善贤我的家，高楼矗立塘河旁，

河水清晰鱼跃波，鹭鸟成群俯飞翔。

两岸绿树河中映，花开四季常年香，

河畔两侧步行道，早晚健走乐逍遥。

美丽善贤我的家，家中有个大观院，

园中建了六角亭，老叟老妪聊家常。

推开门窗绿茵茵，一年四季皆是春，

院内禁驶机动车，家园平安心欢畅。

美丽善贤我的家，四通八达交通网，

走出大门公交站，东西南北任你选。

门外南侧地铁口，游遍杭州半天间，

上塘河畔乘游船，舟中赏景格外鲜。

美丽善贤我的家，数百小家汇大家，

大家需要小家护，爱好我的善贤家！

（善贤居民　张桂海）

善贤人家

善，是行走人世的通行证，

贤，是实现梦想的登云梯，

在善贤人家，人们微笑着打招呼，

窗台晾晒的腊肉散发着幸福岁月芳香。

河流的记忆已经遥远，

但他们湿润的脾气依然未变。

诗情画意

从河流和稻田里上岸，

乡下人变成了大都市一员；

把锈蚀的锄头和鱼叉熔为书桌，

清静中再添一点蜡梅的清香。

善贤书苑里，孩子们学习国学，

聆听关于善贤坝的故事绵长；

傍晚的太极拳和广场舞该登场了，

一个个俯卧撑，撑起的是壮实和健康；

智慧一卡通联络了诗和远方，

"云"生活让善贤人过得畅亮。

（青年诗人　卢　山）

抒情的上塘河

在善贤社区东门甬道，

我发现了大运河的前世，

这江南的细腰，私藏了

少女抚水的细节。

远行的翻坝声中，有她的

父亲，哥哥，和

书卷中复咏的部分。

初醒于秦、枕梦以隋，

更世于元末，安居在新时代的

杭城之北。我无法确定

她是在等待历史的委任书，

还是在静守南方，抒情的领地！

（青年诗人 郑智敏）

上塘河，母亲河

清晨，漫步徜徉上塘河边，

望着这条古老却又如新生的河流，

两岸绿树成荫、杨柳依依，

河水轻轻漾着涟漪，

似乎诉说着它的前世今生。

从呱呱坠地在这河边，

近70年的光阴伴随着这流淌的河水，

宣传栏中的诗作

诗青年书香雅集

走向晚年，沐浴余晖。

蓦然回首，

河边的一切似乎未曾远去——

曾经的两岸，

晴天的尘土、雨天的泥泞，

船来船往，

挡不住纤夫为生计而挪动的脚步；

偶尔，竹排、木筏，

放排工的号子低沉诵吟。

河边的路，

是孩童们短暂的求学路；

岸边割草放牛、水中摸鱼捉虾，

是那少年的野趣与向往。

两岸勤劳的农夫，

捻起河中的淤泥，

洒向世代相依的黑土地。

上塘河，古老的母亲河。

你养育了两岸儿女生生不息。

而今，你终于焕发勃勃生机，

日新月异的脚步令人惊异。

夜幕降临，两岸灯火璀璨，

喷泉、光影，无比绚丽，

这是几千年历史文明的积淀，

闪耀着世遗文化的璀璨光辉。

那上塘号、善贤号、皋亭号、灯塔号……

呼唤着两岸儿女奋进的脚步，

向着未来一百年新征程续航前行！

（善贤居民　冯小玲）

我知善贤又春天

举目远眺天地间，

是绿是蓝泽一片。

喜鹊飞来是何意，

我知善贤又春天。

站在桥上看河水，

波光粼粼耀花眼。

几度春秋谁解梦，

平地崛起公寓楼。

感恩上塘母亲河，

奔着小康看彩虹。

（善贤居民　赵春泉）

赵碧璐（中间穿深红色旗袍者）与葫芦丝队合照

第四章　善贤之星

　　善贤——善地，贤者居；善贤之地，润福一方。善贤人家和谐相处，家园文化氛围浓厚。"和家、美家、爱家、恋家、荣家、兴家"12字家诀流传，从和风细雨到春风化雨，从星星微茫到厚积成光，沉淀着一个共识：我们的家园靠我们大家来呵护！

　　为了弘扬这种清风正气，每年，社区党总支从"四好"（好党员、好媳妇、好模范、好少年）群体中评选"善贤之星"，并为这些经过群众推举评定的身边楷模配上个人照片和一首赞美小诗，让他们在善贤长廊中"出人头地"，他们的事迹口口相传，彰显善贤人家的正能量、好榜样。

　　本章记述了赵碧璐、陆文华、陈妙楷、陈民心、陆洪元等5位"善贤之星"的美德事迹，他们的共同特点是：善良贤德，有家园情怀，热心公益，以奉献为荣。

第一节　赵碧璐：初心与奉献共注家园

她是拱墅区上塘街道善贤社区第二网格党支部书记，她带领的支部获全区首批"过硬党支部"荣誉，并将创建全区最强党支部确定为下一个目标。

她是拱墅区十佳宣讲员，长年不息地向居民群众宣传党的政策、社区工作、党员作用和最美善贤人的故事。

她是社区文化家园的组织者和带头人，她组建的善贤社区健身队、腰鼓队、旗袍队、葫芦丝队、合唱团常年活跃在群众文化活动舞台上。

她是志愿服务的领头人，她是垃圾分类工作的先行者，她是"赵大姐谈馨室"主持人，她是社区的"善贤之星"……她就是以初心与奉献为家园作注的赵碧璐大姐。

我是党的人，做好党的事是我的本分

赵碧璐，今年78岁，据她介绍，她是近半个世纪前因家庭变故，背井离乡来到善贤村的。从村民到居民，一住就是47年。

当年，赵碧璐虽是背井离乡来到善贤村，但她是一位十分懂事、勤快，且积极要求上进的年轻人。1982年，她被上塘乡领导看中，被任命为上塘丝绸厂厂长。从贷款、建厂房、购设备到招募工人等，她全程参与。她对自己立下军令状：再苦再难也要挺身而出，以实干加巧干把企业搞上去，不辜负组织和职工对自己的期望。她以实际行动争取早日加入中国共产党，她坦率地对党组织汇报思想："因我父亲原因，我的入

赵碧璐为孩子讲党史　　　　　　赵碧璐在疫情防控中

党愿望整整持续了10年之久。但我从不气馁，我相信组织，多次向党组织递交《入党申请书》并愿意接受党组织对自己的长期考验。"

　　凭着她对党的赤胆忠心和在工作中作出的显著贡献，1993年5月，上塘乡党委批准她光荣入党。

　　"入党是我的梦想、我的初心，入了党，我就是党的人，做好党的事是我的本分，我淡泊名利，不求回报，愿意为党的事业奋斗终身。"赵碧璐是这样说的，也是这样严格要求自己的。

　　因工作需要，赵碧璐曾担任上塘街道假山路社区党委书记兼主任职务，她对社区工作有许多创新做法，是一位工作经验丰富的社区"当家人"，赢得了居民群众的信赖。2002年10月，她从假山路社区党委书记岗位上退休。退休后，赵碧璐不甘心就这么闲着，在家里屁股还没坐热，就跑到了善贤社区党总支书记胡忠华办公室，开口便说："忠华，我退休了，自己虽居住善贤有30多年了，但一直在外工作，缺少时间和精力直接为自己的家园尽力。现在有时间了，我感到还能发挥点余热，如有什么需要，你叫一声就行！"

从组建腰鼓队、健身队做起

赵碧璐向胡忠华书记"主动请缨",同时她也向书记提出了一个建议:为丰富社区群众的文体活动,她想成立以善贤社区命名的腰鼓队和健身队,让善贤人家的文化家园活跃起来。她的这一想法得到了胡忠华书记的当场拍板同意,之后她就开始为腰鼓队、健身队的组建筹集经费。她不仅购买了30多只腰鼓以及配套的大鼓、镲、录音机和服装等,还邀请了市木兰协会的老师和社区会舞腰鼓的老师进行指导。学练腰鼓的同时,老师还传授大家木兰拳、木兰扇、气功等,居民们以积极向上、健康文明的文体活动抵制各种歪门邪道。

腰鼓队成立后,40多位队员每天早晨穿上漂亮的腰鼓服,在辖区灯具市场门口练鼓习拳,一方面锻炼身体,另一方面也为市场营造声势,他们成为善贤社区一道亮丽的风景线。

健身队是一个和谐的大家庭,队里有条不成文的规矩,凡有队员生病或发生特殊情况,两位队长都会代表队员们前去看望慰问。除了练习演出,大家还随季节变化一起结伴外出旅游,队员们开心地说:"社区文化团队让我们变得年轻起来了!"

让垃圾分类在善贤蔚然成风

善贤人家是2014年回迁的,搬入新居,环境彻底变了,这就更需要大家的共同呵护。赵碧璐首先挺身而出,组织社区党员开展巡逻工作,整治各种习惯上的顽疾。先不说别的,就拿垃圾分类来说,从农民到居民,跨越这一步确实不容易。社区落实专人负责抓这项工作,并组织人员外出学习取经,最后社区决定由赵碧璐牵头,组建一支垃圾分类志愿者队伍，还请来老师给大家上课培训，并印发了很多有关垃圾分类的宣传资料、倡议书等。

赵大姐接受任务后，立即投入工作，组织志愿者两人一组，逐家逐户上门分发垃圾分类资料，宣传垃圾分类的重要性，不仅向居民解释如何分类等知识，同时还收集居民的意见建议。第一步宣传工作扎实到位后，就落实志愿者到每个垃圾房前"站岗"守候（很多时候，党员干部也一起参与），当场检查垃圾分类情况，并耐心劝导纠正。一次、两次、三次……大家都住同一小区，抬头不见低头见，大家都为志愿者"我为人人"的精神感动，于是，垃圾分类在这个撤村建居小区很快蔚然成风。农村回迁房，竟被打造出了商品房的环境。

"垃圾分类工作几年如一日，不论寒冬酷暑、刮风下雨，还是疫情期间，社区志愿者一直无私奉献，他们为保持善贤家园的良好生活环境，无怨无悔地守护着。"赵大姐不无感慨地说。

"婆婆是我最好的引路人"

何华颖是赵碧璐的媳妇，在婆婆影响下，她也加入了中国共产党。邻里们都知道她们是婆媳关系，谈起婆婆事无巨细都要管的脾气，她说自己一开始还有些不理解，后来她在小区物业做了客服，经常有人前来社区表扬赵大姐帮别人做好事的事迹，对她称赞有加。从此，她开始理解和尊重婆婆的选择。"特别是有一次志愿服务活动中，婆婆身体不适，但她还是坚守在岗位上，给我的触动很大，可以说，婆婆是我身边最好的引路人。"何华颖说。

赵大姐曾在社区书记、主任岗位上干了多年，她最知道居民需要什么、不欢迎什么，她常常以自己的经历和体会教育年轻的社工们："你们既然选择了社区工作岗位，作为一名社区干部，千万不能抱着我能收获什么的念头干活，这样你永远得不到居民群众的心。你唯一的想法就是我能做什么，我能不能做得比现在更好。"因此，年轻的社工碰到棘手问题，都愿意找赵大姐帮助释疑解难。

为善贤家园建设奉献不止

2019年12月，善贤社区从为老、爱老、孝老出发，在善贤人家布局中，特别设置了一个137平方米的阳光老人家，从启用的那天起，赵碧璐就带领她的文化团队不间断地举办各种活动，使得阳光老人家始终充满阳光，撒播温暖。在这里，每年都会举办两次生日聚会，文化团队和志愿者都会以各种形式陪伴老人们"过生日"，点亮蜡烛、唱起生日歌、吹响葫芦丝等，让老人们度过"开心一刻"。

又如每年端午节，赵大姐会自费购买布料和香料等，并发动志愿者们一起做香包、香袋，并亲手送给老人们。重阳节到了，赵大姐带领志愿者准备好五颜六色的丝网花，向老年人献上一份爱心。对于生活不能自理的老人，志愿者们常常上门，把敬老、孝老的关心，送到老人们的手里或床头。

赵大姐在自己的文章中写道："我爱我家，但我更爱善贤这个大家园，这些年虽为这个大家园作出了一些奉献，但作为一个老党员，生命不息，奉献不止，我会一如既往地带领支部党员和志愿者姐妹们，把善贤家园建设得更加和谐美好！"

第二节　陆文华：敬业在物业服务岗位上

陆文华，善贤社区物业工程部主管，在物业服务岗位上兢兢业业地工作已满8年，他将物业这个难当的家，调理得舒眉展眼，井井有条。他的付出赢得了"善贤人家"的赞许，更博得了全体业主的支持。

善贤村原是城郊农村，2009年正式启动城中村改造，至2014年底，总面积9万余平方米的"城中村"改造公寓——"善贤人家"正式启用。因为这是一项城中村改造工程，又是整村拆迁改造，建设全过程牵涉到回迁后的使用、管理与未来小区的品位，每一项都需要落实相应人员监督跟进。谁能胜任这项重任？为了选定合适人员，社区班子经过反复考虑并开展人员选拔。

最终，这副担子落在了党员陆文华肩上。走马上任，其实陆文华是带着一种使命与责任感走上善贤物业管理岗位的。从接受任务起，为了熟悉未来"善贤人家"的构图与定位，他利用晚上时间抓紧相关知识的"充电"，还马不停蹄地向物管先进小区学习取经，短时间内积聚了不少"话语权"。当他看到建设中的小区硬件或设置不到位时，就主动找到建设方沟通理论，直到修正落实为止。不少"善贤人家"的知情人说："如今我们善贤人家与城里商品房一样配套齐全，质量完好，这与陆文华在物业上的把关和付出是分不开的。"

小区开发时，陆文华的心血主要花在与开发公司打交道和各项工程的把关上。"善贤人家"交付使用后，作为物业工程部主管的陆文华，将工作重心转到了小区公共区域设施的维修保养，以及业主家里遇到的

陆文华工作照

陆文华在检查小区管道

物业难题上。他每天巡视公共区域，一般性问题不过夜；而业主有困难，陆文华奉行一条原则：有叫必到、有求必应，第一时间出现在业主面前，以最快的速度为业主排忧解难。他的工作态度和工作责任心，受到住户们的一致好评。

2021年农历新年临近，陆文华接到小区居民家的报修电话。他立即起身带上工具匆匆赶了过去，但在维修过程中，他不幸被切割机碰到了手腕，顿时鲜血直流。在紧急送往医院的路上，陆文华还放心不下，他向部下关照交接工作，再三强调要妥善解决好居民家中的维修问题。而陆文华这一次受伤，导致他的左手难以恢复到以前那般的灵活。然而，他却无怨无悔，依旧坚守在岗位上。他向同事交代："日后维修工作，一定要严格遵守安全操作规程，不断提高安全意识，血的教训千万不能忘记。"

有一次，"善贤人家"小区裙房的化粪池堵住了，粪水满溢，沿街店面厕所都无法使用。陆文华知情后，第一时间带领维修人员赶去抢修，街头疏通化粪池的难度和脏臭可想而知，但他不是指手画脚，而是与维修人员一起动手干，问题很快得到了解决。当店家老板和营业人员向物业工作人员竖起大拇指时，陆文华却谦虚地说："发生这种情况等不得，这是我们物管的工作职责，脏一点、臭一点，回家洗洗不就好了吗？"

2020年是极不平凡的一年，面对突如其来的新冠肺炎疫情，善贤社区与各地社区一样，迅速投入到疫情防控小区闭环管理工作中。陆文华年轻身体好，他不仅坚守在小区大门岗位上，提醒督促居民扫码、亮码、测温，还控制外来人员流入，当好从大门到家门的配送员。每逢陆文华值班，他总是提前到达，当值的志愿者不好意思地对他说："你别这么早来，我们心里过意不去呀！"他回答："这有什么？我身体好，家里牵挂少，这么冷的天，我早点来接班，你们少挨点冻，值得！"

把便捷简单让给别人，把麻烦琐碎留给自己，在平凡的工作中做出了不平凡的成绩。陆文华干在物业服务岗位上，党员本色鲜明，先锋作用看得出、站得出、豁得出。他埋头干实事，解决业主碰到的"疑难杂症"，让小区居民得到最好的物业服务。他对善贤人家的那份热爱，不得不说已经成为他感情与力量的源泉和动力。

陆文华（右三）与党员们合影

第三节　陈妙楷：发挥专长赋能家园

善贤村是1999年11月根据市委、市政府《关于撤村建居改革试点的若干政策》文件，实施撤村建居的。从此，善贤村结束了农村行政村建制，由行政村转变为居民区，由农民转变为城市居民。

2010年12月，善贤社区安置回迁房开始动工建设。退休回家的陈妙楷被吸收进社区居民代表监督组，成为其中一员。由于他退休前从事的就是建筑行业，因此对基建工程积累了丰富经验，这次他被社区邀请进入居民代表监督组，直接参与安置房建设工程进度及质量的监督工作，正是他的用武之地、显能之时。

陈妙楷肩挑重担，不负众望。他几乎每天起早落夜，一心扑在工地现场勘查和督看中。工程刚开始，对于每一批新进材料，他都与代表监督组人员一起检查型号、批次、合格证，大到钢筋、水泥、砖块，小到零件、螺丝、插座等，他带领大家一样样、一件件认真检查，从不马虎、不遗漏。此外，他还抽时间经常跑市场和其他安置房建设工地，了解行情和学习别处的好做法，回来就和大家商量，并及时与施工方、监理队进行探讨分析，把先进经验吸收运用在善贤工程建设中。在监督中发现的大小问题，基本都在建设中得以消化解决。

例如施工队在进行管网施工时，陈妙楷敏锐地发现电缆沟在回填时出现不规范问题，他在现场及时指出并制止继续回填，并将存在的问题向施工方和社区作了汇报，在社区的重视和陈妙楷的据理力争下，施工队无话可说，进行了返工处理。又如在一次社区沿街店面提升改造项目

陈妙楷（左一）在检查工程质量

我爱自己的家园

中，陈妙楷多次提出合理的意见建议，都被施工方采纳，他的建议促进了工程质量的提升。

"造房子是项大工程，建房的质量关系到老百姓的生命财产安全，甚至是影响到子孙后代的大事，来不得半点疏忽和麻痹，所以我觉得自己肩上的担子很重。善贤的父老乡亲推荐我做监督工作是对我的信任，这是一件很光荣的事，我一定会把这件事当作自己家里的事来办实办好办到底，要对得起每一个善贤家园的人。"这是陈妙楷常挂在嘴上的一段话。他是这样说的，也是这样践行的，因此受到居住地群众的一致赞赏。

陈妙楷在"善贤人家"的大工程建设中功不可没，而在文化家园打造中，他也是一位"行家里手"。善贤书苑对善贤文化家园来说是一个重要阵地，这里原先比较杂，给各种活动的开展带来了一些不便。按照文化家园的功能需要，社区需要对原有的场所进行重新整理和布局。陈妙楷作为社区"真能干"志愿服务队成员之一，从一开始他就热心参与，从功能定位、构思设计，到材料选择和费用预算等都少不了他的身影。善贤书苑处于楼幢的底层，施工时，陈妙楷再三强调装修不能破坏承重结构，居民楼的安全始终是第一位的。在施工方进场后，他每天出现在现场，对工程进度、质量等，他总是盯着不放。施工队的工作人员说："我们的一举一动，哪一项都逃不过陈师傅的'火眼金睛'。"

第四节　陈民心：公益情怀夕晖灿烂

2014年，对善贤人来说，是一个值得纪念的年头，当年11月，因拆迁在外过渡5年多的日子终于画上了句号，善贤人日思夜盼的美好家园——善贤人家7幢高楼，形成圈形矗立在上塘河边。雄伟的高楼，宽敞的空间，整洁的环境，精美的设置，善贤居民的欢天喜地之情溢于言表。

"从在外过渡到搬回善贤人家的那天起，我就思考着一个问题：自己如何融入这大家庭中去？我能为这个大家庭做点什么？作为一名退休人员，为活跃和繁荣社区精神文化生活，我尝试着走出家门，投入社区。我乐在其中。"采访中，陈民心谈到初心如此说道。

在社区文化团队中发挥余热

居民有需求，社区即满足。2017年12月，善贤社区文化家园建成启用。2018年，根据群众需要，社区组建了一支康乐健身队，陈民心挑起了副队长的担子，她每天早上带领一帮姐妹在社区中心花园跳广场舞。要教会姐妹们跳舞也不是一件容易的事情，队员中年龄较小的60多岁，大的70多岁，刚开始跳广场舞，大多数连音乐与舞步都合不起来。

陈民心深有体会："当队长也不是随便当当的，要带领大家，自己首先得学会学好，所以我一有空就在家里电脑上查找适合我们这支队伍的广场舞，然后自己每天关起门，对着电脑和镜子一遍遍跳，就像入了迷似的。一直到自己认为跳得差不多了，才敢拿出去教大家。学习一支

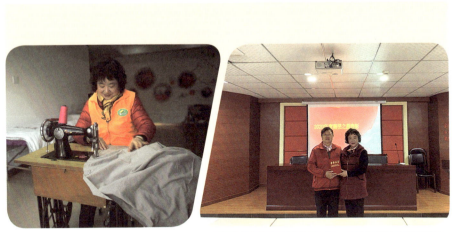

1. 陈民心免费为群众提供缝纫服务
2. 陈民心先后两次被评为"善贤之星"
3. 陈民心与志愿者一起为老人做保暖坐垫

舞蹈一般要花10多天时间，长的个把月，我从不说埋怨话，慢慢来，大家高兴就行。在健身队的教学中，我得感谢一个人，他就是我的先生，几年来，他每天负责把录音机充好电，我在学舞时，他也从不打扰我，总是支持我参加社区文化家园活动。辛勤的付出总是有收获，看着健身队姐妹们的舞姿成了善贤家园一道亮丽的风景线，我的心里感到美滋滋的。"

2019年，善贤社区又相继成立了葫芦丝队、唱歌班等，社区还请来了专业老师带大家玩起了音乐，老师教得好，学员们学得认真，没过多少时间，大家不仅学会了一些简单乐曲，还能唱上几首红歌。在社区举办的三八节、建党节、迎国庆、邻居节等活动中，这些文化团队都能登台演出，台上台下欢声笑语，善贤人家其乐融融。

"志愿服务其实是一种学习和付出"

2019年，善贤社区开始实施垃圾分类，管理人员从哪里来？无疑，社区退休人员是一支中坚力量，陈民心就是这支中坚力量中的"领头雁"。招募志愿者，报名她当先，行动她带头。有道是榜样的力量是无穷的，跟上来的姐妹们正应验了这句话。大家排好班，每天早晚2次轮流值班，寒暑照常，风雨无阻。既监督，又示范，大家已坚持了3年有余。

善贤志愿者队伍是一支拉得出的队伍，志愿者都是多面手，他们积极参与周边路口的文明执勤，劝导电动车车主佩戴头盔等，成为交警的得力助手。

暖心缝纫铺是善贤居民自发成立的便民服务小组，作为倡导者之一的陈民心，她用巧手与爱心，帮助老人们解决碰到的缝缝补补困难。她与另两位志愿者，坚持每周两个半天时间，为社区有缝补需求但一时找不到解决办法的老人免费提供缝纫服务，此举受到老人们的交口称赞。

天气冷了，暖心缝纫铺还为阳光老人家的座椅缝制了棉垫子，这让老人们在冬日里坐得温暖舒适，大家脸上都露出了笑意。陈民心说："赠人玫瑰，手留余香。见到老人们的笑脸，我就觉得心里特别开心。我要对得起'善贤之星'这份群众的信赖。"

"我觉得这样的生活过得充实开心"

自从新冠疫情发生以来，社区作为疫情防控阻击战的正面战场，担负的任务十分繁重，陈民心与社区党员、志愿者一起，积极主动地投入到社区疫情防控工作中。她带头做好宣传防控、路口值守、出入登记、测量体温、清理垃圾等常态事务工作。除了搞好本社区的防控工作外，她还积极报名参加拱墅区上塘街道社区卫生服务中心的疫情防控执勤工作。在中心她负责维持现场秩序，为接种疫苗的群众提供其他服务等。同时，她自己带头接种疫苗，以实际行动在社区居民中起到"无声胜有声"的作用。

"平时，只要是社区的事、公益的事、老人的事，我看到了，都愿意搭上一把手。一个家园，该上班的都在上班，我这个小老太就成了志愿服务的主力队员之一，我觉得这样的生活过得很充实很开心。"在陈民心等骨干的影响下，社区出现了"两多"现象：参加志愿者的人多了，参与公益活动的人多了。有人问陈民心："你整天忙忙乎乎的，不觉得累吗？"她回答得很干脆："我参加志愿活动，其实是一种学习、一种付出，虽然很忙，有时也觉得很累，但进入了角色，学到了知识，帮助了别人，提高了自己，这是我晚年最大的收获！"

第五节　陆洪元：劳模风采辉映家园

陆洪元，原是杭州链条厂模具工，是一位爱厂如家的"工作狂"。他修的模具主要是冲床模具，而冲床模具使用损坏率较高，为了不因模具损坏而造成停工停产，他经常加班加点抢修，手上的模具若没修好，哪怕到半夜他也不会歇手。他对工作高度负责，从不计较个人得失，因贡献显著，连年被评为企业先进工作者，1989年被评为杭州市工业战线上的劳动模范。

2008年退休后，陆洪元的"做功"始终停不下来。他积极报名参加了社区"党员志愿者"服务队，因为有了继续工作的机会，他十分高兴，每次社区组织志愿服务活动，他的身影从不缺席。巡查河道，他走在队伍前面；垃圾分类，他坚守在垃圾投放点现场；文明劝导，他身穿红背心、手挥小红旗，劝导服务样样行……

近年来，不管天晴落雨、酷暑严寒，陆洪元每天坚持在上塘河善贤地段开展巡查工作，发现问题，自己能解决就及时解决，个人解决不了的上报社区。有一次，陆洪元在巡查中发现有人在上塘河沿岸垂钓，因上塘河坡岸比较陡，在这里垂钓一方面不利于水体环境保护，另一方面也存在安全隐患。陆洪元上前及时制止了这种行为，并说了一大通道理，最后终于被垂钓者接受，垂钓者还向他说了声"谢谢"。

重阳节，社区组织上门慰问行动不便的老年人，陆洪元得知后主动要求参加。他深情地说："我是土生土长的善贤人，好多老人都是看着我长大的。现在条件好了，家家都住进了楼房，平时主动走走、串串门的机会少了，借着社区慰问，正好表达表达与老一辈之间的心心相印。"慰问中，陆洪元亲热地拉着老人的手嘘寒问暖，真情地向他们表达关爱之情。

近年来，随着各种诈骗的增多，派出所和社区一直在持续进行反诈宣传。陆洪元对此给予了特别关注，他向社区居民们宣传道："我们老百姓赚点钱不容易，大家一定要提高警惕，识破骗子玩弄的鬼把戏，千万不要上当受骗。"抱着提醒自己、告诫别人的目的，陆洪元主动投入到反诈宣传的志愿服务活动中，他与社区

陆洪元在社区平安值勤中

综治工作人员一起，在楼道内张贴反诈宣传公告、走访楼道居民、向群众普及防诈骗法律知识等。为了进一步提高反诈宣传效果，他还让儿子给他下载了国家反诈中心的App，平时通过线上学习，掌握第一手资讯后，再用善贤乡土话将案例一遍遍解说给辖区老人们听。"骗子最常用的方法是找老年人行骗，因为老年人心善眼低容易受骗。但大家只要记住一句话，天上不会掉馅饼，别人做生意也不会做亏本生意，有人盯牢你，说明上当就在眼前，这时你一定要警惕警惕再警惕！"陆洪元对身边的人常常这样反复说道。

胡春源手绘《老底子的善贤村》

第五章　善贤家园"圆桌会"

　　"圆桌会"本义指围绕圆桌举行的协商会议。本章借用的"圆桌会"一词，取自中国新闻奖"新闻名专栏"获得者——《我们圆桌会》栏目。"圆桌"意味着民主、平等、对话、协商。善贤社区的"圆桌会"主体由社区或有关部门、单位等方方面面的代表组成，他们就社区建设中大家共同关心的热点问题，理性地进行交流沟通，力求做到"大家的事情，大家商量着做"。这种氛围下形成一种正向合力，使得家园情怀更浓、生活更美好。

　　本章共选取了6位代表，他们是：一切缘于对党的信仰、对村民友爱的宋国富；说得淡然，做得认真的善贤经合社"元老"陆富良；乐为家园平安遮风挡雨的老治保主任黄国华；用画笔钩沉乡愁的胡春源；爱上文化家园的外乡媳妇李磊；"老来福"的日子笑着过的97岁老人姚小凤。

第一节　宋国富：一切源于对党的信仰

善贤村的前身是"善贤坝"。相传这坝子周边曾是远近闻名的水运小码头集镇，镇上曾设有集市店铺，开有茶馆酒肆，办有公私学堂等，是一处闹猛之地、生财之地。不过，旧社会恶霸横行，敲诈勒索，天灾人祸，导致"善贤坝"没了好日子，不少人实在熬不下去了，不得不远走他乡谋生。

新中国成立后，善贤坝正式成立善贤村。人民当家作主，但由于之前长期的贫困，人们仍过着艰苦的日子，改革初期村里人均收入才200元左右。在低收入中徘徊了几年，2008年善贤村成立了善贤股份经济合作社，开始大力发展第三产业，村民跳出"农门"，农民变工人、变经营者，村级经济发展了，村民收入大幅增加，从改革初期的200元迅速增至26000元，有的脑子活络的村民一年经济收入竟达到几十万元。

有人为善贤村算了一本账：从1980年6月宋国富担任善贤村党支部书记起，那时全村总资产为1.4万元，至2016年他退休时的30多年时间中，由于"火车头""领头雁"的作用深入人心，善贤鼓劲加油的那把火被点燃了，这给善贤带来了翻天覆地的变化：如今善贤股份经济合作社总资产约5.1亿元，呈万倍增长率；股份分红从1999年每股70元到现在的每股650元，增长了8倍以上；可分配收入从1999年的374万元到2021年的1507万元，增长3倍多。

一切都源于对党的信仰，对村民的友爱

"坚持对党的信仰，才能始终坚定意志，才能为民多办实事！"这是宋国富的座右铭。

1980年6月，24岁的宋国富因勤奋肯干、朴实谦和受到村民拥戴，也因此挑起了善贤村党支部书记的重任。胸怀大志、创新务实的他，正视善贤村人多地少的现状，他认为仅仅靠一个"农"字很难带领乡亲们富裕起来，他把视野瞄向了调整农村产业结构，合理利用农村劳动力，

宋国富在工作中

创办乡村集体所有制企业等领域。由此在多种经营中，他助推善贤走出了一条加快经济发展的新路子。

1993年，宋国富向村班子人员提议，计划在善贤辖区内开办杭州灯具市场。大家都说这是一个好主意，于是，一班人带着任务赴外地考察取经。回村后，一班人紧锣密鼓地一边操办各项审批手续，一边筹集资金。1994年9月，正式启动了杭州灯具市场建设工程。一期总面积2.53万平方米，这样规模的灯具市场，当时不要说在杭州，就是在全省乃至全国都小有名气。善贤喝到了市场经济的"头口水"，1996年，善贤村被排上了拱墅区小康村榜单。

善贤村创办杭州灯具市场一炮走红，根据市场商家需要，2000年5月，善贤又投入灯具市场二期建设，新区紧挨一期市场，面积1.13万平方米，生意同样兴旺。

2004年，善贤首次引进世界五百强企业OBI（欧倍德），创办了杭州华德美居有限公司。而后，投资的、合办的经济实体，不断在善贤经合社涌现。宋国富的贡献也多次受到上级组织表彰，他本人获得了拱墅区社会主义新农村建设先进个人、优秀共产党员、招商引资工作先进个人等荣誉。

2009年5月10日，善贤"城中村改造动员大会"在辖区内杭州艺术学校礼堂召开，这标志着善贤村正式吹响了城中村改造（整村拆迁）的冲锋号。

2010年9月，善贤地块农转居公寓举行开工典礼。2014年11月，善贤社区回迁安置房经过高效建设，总面积达9万余平方米的"城中村"改造公寓——"善贤人家"正式启用。

可以花不多的文字，将善贤村从村到居（社区）、从农宅到高层住宅的经过简明扼要地记载下来，但这其中，宋国富及其班子成员所付出的心血、精力是难以详尽的。一句话，党支部的战斗堡垒作用和党员的先锋模范作用，用再多的语言，也是说不尽、道不完的。宋国富也被授予"拱墅区创先争优十佳模范书记"称号。

"外面的世界很精彩，创造机会让一辈子'面朝黄土背朝天'的老人们到精彩的世界去走走看看。"这是时任善贤股份经济合作社党支部书记兼董事长的宋国富的真诚心愿。随着经合社经济的健康发展，2005年，他与班子成员研究决定，每三年组织老年人外出旅游一次，善贤的老人们去过北京、大连、青岛、桂林、海南及香港、澳门、台湾等。善贤社区的一批批老人外出，这可眼红了远近社区的老人们，但他们也知道，社区组织老人"远道而行"又谈何容易？

出版《善贤志》，为子孙留点精神财富

善贤的变化是巨大的，善贤的获得是空前的，善贤的明天是甜美的。为了留住"何人不起故园情"的乡愁，2013年，善贤社区着手编写《善贤志》。

《善贤志》是善贤村的第一部村志，是在宋国富领导与策划下编撰的，这也是拱墅区最早编撰村志的社区之一。宋国富当时是怎么想的？他回忆道："善贤村的拆迁，城中村公寓楼的崛起，昔日的村址不复存在，面对这翻天覆地的变化，我兴奋得常常睡不着觉，思前想后，盘算再三，一直琢磨着要为善贤的子孙后代做点什么，更要为社会主义精神文明建设做点什么。2013年5月，我主持召开了一次党支部会议，提议善贤要编撰一部自己的村志——《善贤志》。值得欣喜的是，我的提议得到了全体委员的赞同和一致表决通过。编撰《善贤志》是善贤居民政

宋国富（右一）与善贤经合社支部书记、董事长胡忠华合影

宋国富（左一）在垃圾投放点值勤

治、经济和文化生活中的一件大事，是一桩功德善业，为的是子孙后代能够清楚了解善贤村的真实历史，具有承前启后、启迪和教育后人的作用。特别是书中记载的善贤基层党组织的创业精神，值得代代相传，这必将为两个文明建设做出积极的贡献。

同年7月13日，宋国富又主持召开了历届善贤村党政领导人共同商讨编撰《善贤志》座谈会。村里历届领导人都来了，大家发言踊跃，一致同意党支部的这一明智决定，纷纷表示要大力支持和配合编撰工作。座谈会上确定了编志的具体时间，即2013年7月15日至2013年12月15日。要说善贤村，尽管村小人口不多，但历史和上塘河一样悠久美丽。抚今追昔，虽然善贤的村址因改造不复存在，但村貌变化的每一个历程都显宝贵。

《善贤志》的编撰出版，得到了善贤居民的赞赏和上级领导的肯定。

人退心不退，余热洒善贤

宋国富退休后，依然相当勤快，生活的节奏也停不下来。在小区垃圾分类现场，在社区防疫值守中，在志愿者服务活动中，人们常常能见到宋国富的身影。如在垃圾分类中，他没有曾经是书记的架子，主动报名参与社区入户走访宣传调查工作，不厌其烦地进行了三轮挨家挨户摸排工作，他不仅向居民宣传垃圾分类的重要性、必要性，还仔细收集大家对开展垃圾分类工作的意见建议。大家见到宋书记上门做工作，都感到格外温暖。宋国富的工作为社区垃圾分类工作的顺利开展奠定了良好基础。

有人说，有宋书记出面，再难的问题也不是问题。宋国富笑笑说："垃圾分类是当前我们城市面临的一件大事、要事，我们老同志要带个头，退休后在这方面多发挥一些余热，为的是促进这项工作顺利发展。"他坚持每天早晨6时至9时，准时来到垃圾投放点，为居民们指导垃圾分类，对分错投错的垃圾重新归类投放。其实，他的行动已经无形中带动了周围居民，人们更加自觉了。

宋国富（左）参加迎亚运便民服务活动

第二节 陆富良：说得淡然，做得认真

"有关群众利益的事，都值得我不遗余力地去做！"这是陆富良的座右铭，长期以来，他用行动践行着自己的诺言。

陆富良算得上是善贤经合社的"元老"之一，主要承担着经合社中的基建、消防、综合治理等日常工作，同时，他还肩负着鹏龙商务大厦董事长、总经理职务。

陆富良承负的工作够让他忙的，可再忙他也会抽出时间自觉学习政治理论、党的政策、最新时政等，努力提高自己的思想和政治站位。在善贤经济发展历程中，陆富良参与了筹建杭州灯具市场、桐乡上塘投资有限公司、杭州鹏龙实业投资有限公司等善贤经合社的重大项目。

2009年5月，善贤城中村改造项目正式启动。陆富良的主要精力转到了善贤区块城中村改造工作中，他吃透政策，严把细节，尊重民意，掌握实情，为拆迁动员工作打下一个漂亮仗，立下了功劳，受到乡亲们的好评，因此荣获拱墅区上塘镇优秀党员、城市建设工作先进个人等荣誉。

2014年12月，杭州地铁5号线开建，随后，因建设沈半路站，善贤社区辖区杭州灯具市场的部分需要拆迁。毫无疑问，陆富良这"出头椽子"的角色肯定少不了。他每天起早落夜，一心扑在拆迁工作第一线，既顾及全市重点工程项目的建设进度，又兼顾商户与善贤社区利益。市场仓库集中整改时，他多次苦口婆心地与商户们进行交流沟通，反复说明整改的重要性、必要性和利益上的保证，最后得到了商户们的一致

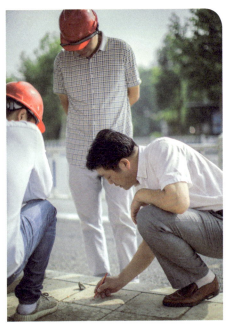

陆富良（右一）在工地上与建设方商讨工作　陆富良（左二）在监督工程质量

配合与支持。作为善贤经合社最重要的经济建设项目——鹏龙商务大厦的建造，从开建到顺利竣工，陆富良一直都紧紧跟在工程一线，遇到阻碍、碰到难题，他都在第一时间想方设法去解决，这使善贤自己的鹏龙商务大厦矗立在上塘河畔。又如，善贤经合社留用地项目的开工建设，同样倾注了陆富良的心血，他充分发挥集体智慧和个人能力，攻克了一个个棘手问题，为确保项目如期完成尽责出力、挑大梁。

　　陆富良是位好动的人，哪里需要他，他就会出现在哪里，能帮上一手的，他决不会置之不理。退休后，他的性格与脾气依然如此，眼看高大上的住宅小区建立起来了，物业管理是个大问题，他没有多想工作的复杂与难度，而是积极投身到小区业委会的筹建工作中，后成为"善贤人家"业委会一员。在保障实现物业各项管理目标的实践中，陆富良带领着业委会成员一起探讨小区品质提升的方向和路径，一起解决在管理过程中遇到的难题，一起开展多样化的社区精神文明活动。在善贤，社区、业委会与物业之间的关系融洽，配合默契，小区的各项提升措施都能很好地得到落实。

为了增进邻里之间的交流互动，也为了丰富业主的文化生活，陆富良细心地进行分类管理，他根据不同年龄层次的业主，开展了多元化、多样化的社区文化活动。例如，家庭节有孩子们的尽情狂欢，端午节有民间的祈福风情，重阳节有对老人的贴心关怀，邻居节有黄丝带传递邻里暖情……一样样喜闻乐见的活动，促进了邻里之间的交流沟通，拉近了社区居民间的感情距离，让文化家园的氛围显得既热闹活跃又喜气洋洋。

2022年，地铁3号线将开通，善贤作为地铁3号线与5号线的换乘站点，既是好事喜事，也面临着考验。前期由于地铁施工，小区沿街部分店面出现地基下沉，部分管道也遇到错位破损问题。陆富良带领业委会成员，直接参与到与地铁市政管网部门的对接工作中，他与社区、物业共同努力，安全有序地恢复了善贤人家小区的外围环境。

"善贤，这是我生活的地方，为善贤居民做点事，其实也就是为我们自己在做事，何乐而不为？趁我们现在还能做点事的时候，就不应该袖手旁观当看客，做点有益的事心里才好受！"陆富良说得淡然，做得认真。

第三节　黄国华：乐为家园平安遮风挡雨

善贤社区的男女老少，说到黄国华几乎没有一个不熟悉的，他是社区的老治保主任，多年来一直大公无私、兢兢业业地从事着社区综治、调解和普法宣传教育工作，被居民称为"乐为善贤人家的平安遮风挡雨的人"。

黄国华当治保主任，不是一位坐着的主任，而是行走着的主任。每逢他值班，他的一个习惯是喜欢深入居民家中去"串串门""聊聊天"。居民有困难，只要跟他说，他自己能办的，立马给予解决，一下子办不了的，或者涉及政策范围的事，他也会给你一个妥善的处理办法，或直接把问题反映上去，或向你提议找什么部门，或告诉你准备一些什么资料……总之，他会给你指出一条门道。因此，左邻右舍发生一时解决不了的难题，首先想到的是找黄国华商量商量，听听他是怎么说的。

有一次，黄国华串门又串到陆家苑小区陈大伯家，他与陈大伯很熟悉。平时大伯性格开朗，每每见到黄国华总是又说又笑。可是那天进了陈大伯家，黄国华却见他愁眉不展、心事重重的样子。黄国华一看，心里就有点数了，陈大伯一定碰到了什么烦恼事。经过细心了解，原来陈大伯住的房间近来天花板渗水，装修好的房子因渗水弄得污渍斑斑，他怀疑是楼上的住户卫生间漏水引起的，可是多次上楼询问，都没有碰到人，这让他十分担忧。

黄国华听了陈大伯的一番话，拍着胸脯说："老陈，别担心，这事

$\dfrac{1 \mid 2}{3}$

1. 黄国华正在疏通下水道
2. 黄国华在"春风行动"中捐款
3. 黄国华（右）忙碌在疫情防控中

包在我身上，保证以最快的速度给你解决！"当天晚上，黄国华通过多方打听，终于联系上了陈大伯楼上的那位房主。原来这位房主常年不在杭州，房子已空置许久。黄国华将事情的缘由说给那房主听，最终，获得房主同意授权，黄国华与社区工作人员进入了这间空置房，并对破损的水管进行了修复。陈大伯的困扰排除了，他一个劲儿地向黄国华和社区工作人员表示感谢。

社区治安管理是为了维护正常的社会生活秩序及保障和谐稳定的日常管理活动，是社区建设管理的重要内容。在社区治安岗位上工作时间长了，黄国华积累了一套适应善贤社区基层治安管理的经验：建立完善的社区治安管理网格，定期召集协警、网格员召开矛盾纠纷排查调处例会，听取治安信息员们的工作汇报，及时发现和掌握影响社会稳定的矛盾纠纷，并及时研究对应措施，做到防患于未然，防止一时的民间不和转化为治安案件或刑事案件，从而引发群体事件。这一长期坚持的制度，让一些影响和谐的苗头化解在"萌芽状态"。

黄国华从事调解工作以来，经他调解的大小矛盾与纠纷不计其数，成功率近100%，尤其是原善贤村撤村建居过程中发生的十余起影响较大的矛盾纠纷，都得到了妥善处理，至今没有一起民事纠纷转化为刑事案件。有人问黄国华："找你调解的人，为什么都服你，你究竟有何绝招？"

黄国华的回答是：其实，群众中发生矛盾与纠纷难以避免，就连人的十个手指头也有长短，唇齿相依，有时两者不小心也会碰撞，更何况人与人之间。但邻里也好，群众也罢，大家基本都认一个理，你要站稳摆平，持公正心、说公道话、做公平事，矛盾双方就会服你。当然，调解矛盾纠纷时，也离不开灵活性，了解与掌握双方当事人的性格，"见人办事"也很重要，这就需要你提前做好功课，"磨刀不误砍柴工"这句俗语，用在调解工作上，也是恰如其分的。

退休后，作为一名党员，黄国华"劳碌命"的本色未改，人是退休了，但一颗心闲不下来，手脚也停不下来。他加入了社区交通治理站志愿者行列，认真学习了《道路交通安全法》和各类交通防范知识，并积极配合交警部门开展文明交通宣传教育活动。譬如在小区，他看到有谁骑电动车出门没有戴头盔，就会走上前去，有礼貌地把骑车人拦下并"说教"一番。在善贤人家，有黄国华苦口婆心的真诚劝导，骑车人出门都会自觉地检查一下头盔是否戴好。

第四节　胡春源：用画笔钩沉乡愁的人

在善贤人家小区里，大家时常能见到一位精神矍铄的老人，他边散步，边好像在考虑什么问题似的，时不时还停下脚步，这里看看，那里瞧瞧，碰到邻里熟人或打个招呼，或聊上一会儿，走着、走着，偶尔还会拿出随身带的纸笔涂涂抹抹记下点什么。不知底细的人，觉得这个老头有点怪。

而这个"有点怪"的老头竟是社区的"土画家"——《老底子的善贤村》的创作人，现年81岁的胡春源老人。

城中村改造让善贤村成了记忆中抹不去的乡愁，如今7幢高层住宅整齐地排在眼前，只见花园广场、休闲亭，进门刷卡、上楼电梯，再也见不到农田水塘，见不到禾苗吐翠，见不到稻穗扬花，更见不到农家烟囱升起的袅袅炊烟……日暮乡关何处是，难忘追梦故乡情。善贤村的变迁，胡春源老人是参与者和见证人，他看到时间这把锋利的刻刀，在这片家园的土地上刻下的深深印记。

一路走来，看着善贤前所未有的历史巨变，胡春源感同身受。老人感受到：时代在变、社会在变、村子在变、家庭在变，自己也在改变。这些年又是修路，又是造高楼，又是建家园，原来善贤村的模样都已经渐渐在居民头脑中消失了。若干年后，一代两代人后，对他们而言，到底乡愁愁什么，乡情忆什么，乡音说什么？记忆中的善贤村不能成为一张白纸，不能如此愧对先祖。

胡春源说，其实他从几年前村里出第一部《善贤志》开始，就设想

善贤社区乡村记忆展陈馆

要将家乡旧景用笔画下来，让善贤乡愁看得见、留得住。2014年，善贤社区回迁之后，他被善贤人家的高层住宅所震撼，于是决心静下心来，寻找少有的资料作画。他一遍遍实地考察、走访老者、仔细回忆，终于绘制成功一幅《老底子的善贤村》图。旧时善贤村的河流、道路、池塘、院落、住房，甚至河流中的小船都被一一描绘出来，图中空白处写着"1952年　善贤坝概图"。

说到《老底子的善贤村》图，胡春源十分感慨："我是农民，从来没学过画，也没有什么美术基础，只是有一种强烈心愿，趁我们老一辈人还健在，一定要把善贤村过去的面貌画下来，这也算为文化家园的建设增添一份历史资料。"

胡春源为了画好村庄图，自学绘画，自购纸笔。别看《老底子的善

胡春源在善贤书苑阅读书籍

善贤社区展陈馆内展示的老物件

贤村》构图并不太复杂，但对一位无绘画基础的老人来说并不容易，他至少画了七八十幅，一幅不满意，画第二幅，第二幅不满意，再画第三幅、第四幅、第五幅……"刚开始画的时候，总觉得有些地方拿不稳、有缺陷，这七八十稿也就没有保留下来，直到画出了比较满意的那张。《老底子的善贤村》现陈展在善贤居民艺术馆。"胡春源如是说。

第五节　李磊：从爱上文化家园的那天起

上塘河畔坐落着一个年轻而亮丽的文化家园——拱墅区上塘街道善贤社区，居民亲切地称它为"善贤人家"。

一踏入善贤人家的大门，映入眼帘的是一个大大的"家"字。是的，自从我从云南嫁给我丈夫的那天起，善贤就成了我的家。与丈夫孩子一起动手做羹汤，携手看斜阳……我内心所向往的一切美好几乎都在这里得到了体现。特别是加入社区文化家园工作之后，这份幸福感更是满满当当。媒体曾报道说，我过着"睡着都偷着乐"的日子。这话不无道理。

五年前，善贤社区文化家园正式对外开放，我成了善贤书苑首批管理员。虽然我十分喜欢这份工作，但一开始加入，心里还是不免有些忐忑：文化家园听起来是一个很有文化气息的地方，可我以前没有接触过这类工作，再加上我是一个外来媳妇，对本社区居民的熟识度不高，我能做好这份工作吗？

但从踏进文化家园的那天起，我就爱上了这个地方：读书区一排排的书架上齐刷刷地摆放着各种书籍，从儿童绘本到多种中外名著应有尽有；书画区的墙上挂着社区居民创作的画作，长条形桌子上摆放着文房四宝；儿童区的布置显得童趣盎然，地上还细心地铺着海绵垫子；烘焙区备着烤箱、模具等操作设施，就等着大家上手了；景泰蓝制作区展陈着社工方小芳制作的各种精美作品……整体结构上的原木色色调的装饰让整个文化家园显得很有文化气息、很温馨、很有家的味道。

李磊（右一）在书苑与孩子们留影

李磊在做手工艺品

李磊（左）被拱墅区诗青年公益发展中心聘为志愿者讲师

我会尽心尽力做好这份工作的

我开心地成为文化家园管理员，打这以后，我开始走出家门，每天清晨都会早早来到文化家园，把这里打扫干净，将各种物品摆放整齐，用微笑迎接居民们的到来，并随时关注他们的需要，为他们送上满意的服务。闲暇时，我也会在读书区捧起一本自己心仪的书籍静静阅读起来，如想练练书画，则可到书画区铺纸挥笔。这样的生活，不正是我向往的文化生活吗？于是，我越干越觉得充实，也越感到得心应手，人也变得开朗外向起来，微信里多了许多新朋友。

春日，我会剪一枝鲜花插在书桌上，让大家体会春日的美好；夏日，我会凉一壶清茶，供居民消暑解渴；秋日，我会带上一瓶清凉油，以防孩子被蚊虫叮咬；冬日，我会备一些糕点，和大家一起品尝。慢慢地，越来越多的居民习惯了文化家园有我的存在，我的工作也得到了越来越多的居民的认可，他们说："李磊，你要是不在文化家园，我们总感觉少了点什么，甚至不想来了。有你在，我们就有好心情。"听到居民们的赞赏，我害羞之余，也有些许自豪。我暗下决心，要把这份工作做得好上加好。

我这个高级茶艺师是文化家园培养出来的

2018年开始，善贤社区引进拱墅区诗青年公益发展中心作为文化家园的第三方，进行日常运营。从此，我的工作与以前相比也忙了许多。诗青年公益发展中心的老师都各有专长，他们见识广、水平高，每次到社区文化家园来，都会泡上一壶茶，邀请我和他们一起品茗焚香，写字作画，那种互动的友爱特别温馨。在老师们的熏陶和影响下，我开始接触茶道和香道，经过老师的指点和自己不断钻研，2019年我通过了高级茶艺师考试。这不但让自己更为自信了，也让我的孩子和不少居民懂得了什么是终身学习，一个人什么时候学习都不迟，刻苦与坚持才是最重要的。

兴趣是最好的老师，爱好是最大的动力。现在我把传播茶文化和香文化作为自己的乐趣，平日里都会在社区文化家园沏上一壶茶，放上几盘小茶点，供来往的居民饮用之余学习茶道，有时我还会打上一炉篆香，对此感兴趣的居民我会手把手教他们一些茶道、香道知识。目前，越来越多的居民受我的影响，也爱上了茶道和香道，大家共同感受茶道和香道带来的美妙时刻。

让老家手艺在善贤家园美丽绽放

我来自"彩云之南"的云南，那里风光绚丽，人们心灵手巧，能制作许多手工艺品，我的妈妈就是其中的一位。我从小就看着她给我们做衣服、鞋子和各类手工艺品。耳濡目染之下，我的动手能力也显得不弱。

记得有一次，我把在家乡做的几件小手工艺品带到文化家园，没想到大家看到后夸奖不已，都说我做的挂件与其说是一种编织饰品，更像是一件艺术品。好多人问我是怎么做出来的，都提出想跟我学。诗青年公益发展中心的老师得知这件事后，让我作为一名志愿者讲师，为社区的居民们开设手工课程。

我自己也有这种想法，只是在老师面前不好说出口。既然姐妹们有这种需要，老师还安排了课程，我当然愿意发挥自己的特长。于是，我把家里备着的手工材料拿到了文化家园，并视家园的实际情况，精心设计了课程，在老师和姐妹们信赖的目光下，我大大方方地走上文化家园讲台，以讲师的身份，向姐妹们传授如何用手中的毛线和钩针，巧妙地制作一朵美丽的玫瑰花。第一次走上讲台，我有点紧张，但留在记忆中的都是鼓励与信任的眼神。课程结束后，姐妹们都十分开心地向我致谢，她们纷纷拿着自己制作的五颜六色的玫瑰花拍照合影。传授玫瑰花制作技巧，让我真正体会到了"赠人玫瑰，手有余香"的满足感。

做手工是快乐的，这次课程后，越来越多的姐妹们跟我学起了手工制作，学习制作的作品种类也越来越多，从日常使用的毛衣、围巾、毯子、挎包到工艺精美的挂件、耳坠等等。我将这些手工作品陈列在文化家园显眼处，用它们装点着善贤社区这个人见人爱的文化乐园。文化家园增添了这些手工精品，连品位也提高了，得到了社区居民们的交口称赞。每当有外来考察参观团，大家对陈列的这些手工作品也纷纷伸出大拇指，夸张它们漂亮生动，做工精巧，不输大牌。每次听到这些赞许的话，姐妹们的心里都是暖洋洋的。

五年过去，润物细无声，文化带来的改变正在悄然发生：书苑虽然有固定的开放时间，但总是要超时，我经常接到居民打来的电话，想提早来这里坐坐，因为这里静得舒心。原本大着嗓门在这里聊天的大伯大妈们如今大嗓门变低了，原本在文化家园里乱爬乱翻的"小顽童"如今安静地翻着书看，原本对茶道不屑一顾的姐妹们如今玩起了茶道，原本热衷打牌的几位牌友如今学起了手工编织……文化家园在变，变得越来越有文化气息了。这些变化让我感到自豪，因为其中浸润着我的一份心血和努力呀！

善贤社区，善贤人家，这是一个令人向往的地方，树绿花红，景美如画，那善贤坝、聚贤亭、清风廊、和合家，看着孩子们在小广场上欢笑嬉戏，老人们在一旁摇扇闲聊，一切都是那样的和谐与安详。

这就是我的家，善贤社区居民共同的家园！

第六节　姚小凤："老来福"的日子笑着过

我叫姚小凤，今年已是97岁了，晚辈给我算算，大概是民国十五年（1926）出生的。没读过书，缺少文化，加上从小先没了爹，后又失去了娘，因而过着吃了上顿愁下顿、下顿过了愁明天的悲苦日子。那时同年龄的小姑娘，人家穿红戴绿，我是一身补丁穿到底。过去的苦日子，今天想起来就忍不住掉眼泪。

其实，我不是善贤村的人，小时候我住拱墅大关，离杭棉厂比较近，常话说"近水楼台先得月"，一点儿都不假。14岁那年，我有幸进了杭棉厂做临时工，先从打杂做起，三班倒，几个月后，就跟着师傅学技术了。

一个没爹没娘的姑娘儿，容易引起别人的同情心。进杭棉的第3年，好心人给我介绍对象，就这样17岁嫁到了陆家村（注：是善贤村前身隽堰头村的三个自然村组之一）。陆家村虽穷得叮当响，住的是茅屋，睡的是板床，吃的是自种的蔬菜，但好歹有个家。当时，村里的不少妇女蛮羡慕我的，觉得我平时用不着干露天吃苦头的农活，因为我是杭棉厂的工人。

在陆家村，我是嫁过来的杭棉工人，别人看我自然有种钦佩的目光，但我知道，肚里的苦头只有自己晓得。因为没有文化，技术要求看不懂，理解能力有些低，似乎没有别的姑娘聪明，操作起来有点笨手笨脚，所以刚开始生产出来的产品的质量都不如别人。

陆家村离杭棉厂有几里路，为了节省时间，好在家里多干点家务和农活，上班我就抄近路走，不过抄近路要过一条河，河上没有桥，每天上下班靠的是拉"绳索船"过河。河中间横着一只小船，船头船尾系上

社区给姚小凤奶奶拍的全家福

绳索固定在两岸，人上船后往过河的那头用力拉着绳索，船慢慢到了对岸，回程时往相反方向拉绳上岸。不管白天黑夜、刮风下雨，附近村落的人，都是靠着"绳索船"过河的。

记得有个冬天的夜里，西北风呼呼地刮着，我中班下班回家，在漆黑一片的深夜，胆怯地摸索着上了"绳索船"。风紧水寒，我用尽全力拉着"绳索船"过河，船至河心，突然嘣的一声，绳索断了，我一个不稳扑通一声掉下了河。我抱着要活命的念头，顾不得河水冰冷刺骨，只想抓住一根救命的稻草，在挣扎中幸亏抓住了那截断了的绳索，我咬着牙、发着抖、拼着命上了河岸……村里人和厂里人晓得后，都说我命大，大难不死必有后福。

新中国成立后，特别是近三四十年来，好日子就像啃着甘蔗爬楼梯，越往下咬越甜，这"必有后福"真的被他们说到了。村里原先住的差不多都是草棚，后来每家每户都盖起了瓦房，再后来造起了小别墅式的楼房。前几年，撤村建居，做梦也没想到村民一夜间变成了城市居民。2014年11月，善贤居民搬进了由高楼大厦组成的善贤人家，居住环境可以和城里小区比，看看气派、住住舒畅、想想福气。

人家说我福气，因为我活得健康开心。我有4个儿子、1个女儿，他们上班的上班、退休的退休，孙儿辈一大帮，和和睦睦过日子。经济上，我每月有4000多元的退休金，哪里用得完。社区为我们家拍过一张全家福照片，一个大家庭，蜜糖甜到心。

平常我一个人生活，但子女都在同一个小区，晚上他们都会来看我，有时他们就住在这里陪陪我，反正有房间给他们留着。平时虽一个人生活，但我没有孤独感。尽管社区把我当成高龄老人对待，十分关心照顾，但我在表示感谢的同时，也努力保持自理的能力。我的生活是比较有规律的，早上起床后，搞搞卫生，弄点吃的。只要天不下雨，早饭后沿着小区散散步，走一圈约40分钟，一天两次，上下午各一次，这是我长期坚持的，包括每天午睡也是我长期形成的习惯。现在一般家务事都是我自己做的。年纪大了，最怕啥都不动，过分依赖别人。人不活动活动，血脉就不和，所以每天的户外走走我从来没放弃过。我是这样认为的，人老了，管好自己的身体，这是老人本身的需要，也是对子女后代的帮助，同时，也是对善贤社区体贴老人的一种回报。

最后，我想说句话：过去的日子是口含黄连流着眼泪过，现在的日子是在睡梦中也会发出笑声的甘甜中过。

（口述：姚小凤）

后　记

上塘街道善贤社区是杭州市拱墅区率先进行整村拆迁的回迁安置小区，2014年底居民全部回迁入住。农村变城市，农宅变高楼，环境变了，风貌变了，精神变了，社区管理服务与治理也随之转变。"民主治家、智慧管家、文化润家"，社区推出"家生活"概念作为凝合剂，"民生"跟着"民声"走，社区力求在努力打造"村改居社区城市化转型样板"上走在前列。

"整村拆迁安置，既然是原全体村民共同的家园，那么有事就由大家商量着办，自己为自己作回主。"时任善贤社区党总支书记、善贤经合社董事长的胡忠华是这样认为的。入住新小区，第一件事，就是给小区取名。"当时我们在居民中广泛开展征集小区名的活动，居民参与热情高涨，提出的名字有古典的、现代的、老派的、青春的，最后，人心集聚在'善贤'两字上，意义为行善向贤，于是，'善贤人家'就成了家园之名。"胡忠华介绍了小区取名的过程。

这次小区取名，大家都把它当作自家事，这是个良好的开端，大家的心逐渐凝聚在一起了。

编撰《破茧·善贤》一书，笔者对善贤社区原先不熟悉，到了社区首先倾听与了解书中讲述的一个个故事、一幕幕情景，头脑中渐渐有了"忠善贤信"这样一个古村落的形象。通过大量的社区文字资料阅读，经过现场踏勘，加上听人介绍，以及通读了《善贤志》等，拟订了书稿的第一稿目录。

目录就是书稿大纲，基本涵盖善贤社区文化家园建设的"真目""全貌"，社区党总支书记沈敏芳在每天都排得满满的工作中，不仅数次抽出时间向作者介绍社区文化家园建设的情况，还听取笔者对提纲拟订的安排与设想，并指派社工许云负责对接联络。目录修订后，就书籍的内容，沈敏芳书记还召开社区专题会议讨论，吸纳各方面代表的意见建议后进行再修改，先后共经过10余次修改才最后定稿。

《破茧·善贤》一书，涉及社区先进人物和文化团队较多，他们中不少人已上了年纪，多数原来是农民，文化程度相对较低，要他们提供文字素材存在一定困难。在社区协助下，笔者深入社区，一个一个与他们沟通，要求他们突出主题和主要事迹，并规定字数和完成时间，不要求写成文，但要提供具体事例，其他的都可交给笔者。对个别年老行动不便的高龄老人，笔者在社工陪同下，深入老人家庭采访。像讲述97岁的姚小凤的文章——《"老来福"的日子笑着过》就是一例。

因2021年12月笔者家庭发生意外，正常撰稿受到阻力，为了不影响书稿编撰工作的如期进行，经张翼飞老师同意后，书稿的第二章、第三章部分内容，邀请薛志中老师协助编撰，然后由笔者统筹，修改补充定稿，这样既保证了时间上不拖后腿，又顾及质量和文体上的一致性。

成书过程中，笔者与社区联系人许云的沟通从未中断过，她承担着社区多种工作，有时还得靠加班加点才能完成本职工作。可是，当向她咨询或索取缺少的文字或照片资料时，几十次的过程她没有推却过一次，无论是白天晚上、双休日，甚至春节期间，她都能放弃属于自己的休息时间，想方设法给笔者一个满意结果。为了确保撰稿质量和完成时间的同步性，笔者基本采用了完成一章甚至一节，即发给社区和许云进行修改核准校对，及时对接修正，最后全篇完成后，双方再一次系统地进行审校改错，以确保成书质量。其实，笔者知晓，这些大量工作，社工许云和李佳都是在完成本职工作的前提下，抽业余时间做的，但她们没有半句怨言，也从不自夸一句，默默无闻地奉献着。《破茧·善贤》一书能顺利出版，应记上许云、李佳等人的一份功劳。

在此，同时要感谢的还有社区文化家园的李磊、赵碧璐、陈民心、胡玲娟、胡春源、卢山、张桂海、郑智敏、冯小玲、赵春泉、张燕燕、胡磊等。

囿于此书出版时间相对提前，而社区因疫情常态化管控和各项繁重、繁忙的工作任务，不忍心他们花更多时间在书稿上，加上笔者经验与水平有限，书中不足甚或差错在所难免，恳请专家与读者指正。

李天骅

2022年5月